JN254575

18歳成人社会ハンドブック

ハンドブック

制度改革と教育の課題

田中治彦 [編著] 林大介・藤原孝章・南部義典 [著]

明石書店

はじめに

　成人年齢が 20 歳ということは、戦後 70 年余り広く受け入れられてきた。「成人式は 20 歳」は一般に定着していた。ところが、2016 年 7 月の参議院選挙で投票権年齢が 20 歳から 18 歳に引き下げられ、成人年齢引き下げの民法改正の議論が 2018 年の国会で行われる。さらに少年法の改正も政府の日程に上っている。その先では、飲酒・喫煙の年齢や、被選挙権の年齢引き下げなどが課題となるであろう。いずれにしろ、2020 年代には日本社会は「18 歳成人」社会となることは間違いない。

　編者（田中）は西暦 2000 年頃より、成人年齢・選挙権年齢の引き下げの問題に注目してきた。2001 年 2 月に「「成人年齢 18 歳」で参加社会に」と題して新聞に投稿した。当時、「荒れる成人式」が問題となっていて、「成人年齢の 20 歳が人生の区切りにならない年齢であり、これを高校卒業年齢の 18 歳に引き下げることの必要性」を主張したのである。筆者の一人である林大介らは 2000 年に 10 代・20 代の若者からなる「NPO 法人 Rights（ライツ）」を立ち上げた。Rights は、選挙権・被選挙権年齢の引き下げと、政治教育・シティズンシップ教育の充実を目指して活動した。活動の中心は未成年による模擬投票である。しかしながら、成人年齢引き下げに関する世論の関心は薄く、議論も立ち消えになったかに思われた。

　18 歳選挙権が現実のものとして議論されたのは、2006 年の年末からである。それは、憲法改正のための手続法である国民投票法案の審議に当たって、将来、18 歳選挙権や 18 歳成人を実現することを条件に、与野党が法案の成立に合意したからである。国民投票法案は 2007 年に成立し、3 年以内に 18 歳選挙権などを実現することが附則に加えられた。当時、国会の裏方として活動していた南部義典は、国民投票法と成人年齢への関心を示し、ホームページ上で 18 歳成人にまつわる法的な課題の解説を始めた。田中が南部の存在を知ったのは、このホームページ上でのことである。

　国民投票法案や選挙権年齢の話題が持ち上がる度に、筆者らにはメディアの

取材が集中した。ところが、政府や与野党の関係者から「なぜ選挙権年齢・成人年齢を引き下げねばならないのか」について十分な説明は行われてこなかった。そのような事情もあり、18歳成人の議論はあまり深まりを見せず、また世論の関心も高まりにくかった。

　2015年に選挙権年齢を18歳以上とする公職選挙法改正案が成立する前後から、ようやく学校教育における主権者教育のあり方やその進め方についての議論が起こり、報道や出版物も増えてきた。ただ依然として「18歳成人」についての議論は少なく、出版物も過去1点を数えるのみである。18歳成人の議論が難しいのは、それが広く法律学、教育学、社会学、心理学、民俗学など多岐にわたる分野だからである。

　若者の政治参加やシティズンシップ教育にかねてから関心を示していた（特活）開発教育協会は、上智大学と協力して「18歳選挙権と市民教育」に関する研究会を立ち上げた。その成果は2017年に『18歳選挙権と市民教育ハンドブック』としてまとめられた。同書は、教育現場での具体的な教材やワークショップを多数含むもので、特に中学・高校の現場から好意的に迎えられた。本書では、同ハンドブックの理論編を執筆した藤原孝章ら4名が、改めてそれぞれのテーマについて議論を展開する。本書は18歳成人をめぐる諸問題を教育学と法学の双方の観点から解説し、問題点を整理することをねらいとしている。前半の第1部「18歳成人と教育の課題」で主に教育学や教育実践の観点からこの課題を追究し、第2部「18歳成人の制度改革」において主に、法律と制度の観点から18歳成人問題を解説する。

　18歳成人の制度改革は教育と政治の分野のみならず、司法、更生保護、児童福祉、健全育成、消費者など多岐にわたって影響を及ぼす。また、18歳という年が多くの若者にとっては高校3年に在学中ということもあり、高校教育に直接関係することになる。民法改正が実現しても施行日まで少なくとも3年程度の期間が設けられるので、2022年度には成人年齢の18歳引き下げが実施される予定である。この間には、中学・高校の学習指導要領が改訂となり、高校には新教科として『公共』が導入される予定である。

　2017年中に予定されていた成人年齢引き下げの民法改正の審議が、他の重

要法案の審議や解散総選挙によって約1年延びたことにより、本書の出版が国会での審議の直前のタイミングとなった。本書により国民的な議論が活発に行われることを期待したい。また、成人年齢引き下げに伴う広範な影響を考えるとき、その準備のためには本書のみでは十分とは言えない。これをきっかけに18歳成人をめぐるさまざまな課題について多方面から研究され、議論されることを望みたい。

　本書の出版に当たっては、上智大学から「学術図書出版支援プログラム」の助成をいただいた。また、（特活）開発教育協会には18歳成人の参加体験型教材の掲載についてご協力いただいた。最後に、本書の内容に関心を示していただき、出版までご尽力いただいた明石書店の森富士夫様に感謝申し上げる次第である。

2018年2月
筆者を代表して　　田中治彦

第1部　18歳成人と教育の課題

第2部　18歳成人の制度改革

序◯章　18歳成人をめぐる諸問題
―「大人」とは何か？

田中治彦

　2016年7月の参議院選挙より投票権年齢が20歳から18歳に引き下げられた。また、成人年齢を18歳に引き下げる民法改正の議論が2018年の国会で行われる。民法が改正されても3年程度の周知期間が設けられるので、2022年度にはすべての18歳が成人としての権利と義務を得ることになるであろう。本書は、18歳成人の意義について、教育と法律の両面から解説し、18歳成人社会を迎える際の課題について考察することをねらいとしている。

1．「大人」は何歳か？

　人間も生物の一種である。動物の場合、子どもを産めるということが大人と子どもを分ける一つの基準になる。人間の場合、女子は小学校高学年から初潮を迎える子どもが現れる。男子の精通は、女子よりも平均1年ほど遅いが、それでも10代前半にはほとんどが精通を体験する。生物的、生理的には人間は10代前半で「大人」になる。

　しかし、現代の日本社会では10代の中学生を大人とはみなさない。18歳選挙権のセミナーで「自分はいつ大人になったと感じたか」を参加者にたずねると、多いのは「親元を離れて自活したとき」と「就職したとき」であった。[1]女性で多かったのが「結婚したとき」「最初の子どもを産んだとき」である。「大学生になったとき」や「成人式に出たとき」という回答は少ない。これらの出来事は18～30歳くらいの間に起きている。同じセミナーで「一人前」

---

1)　「明るい選挙推進協会・コミュニティリーダー養成研修会」（盛岡地域交流センター、2010年11月29日）で実施したワークショップ。

と周囲からみなされたのは何歳か、と質問すると、だいたい20代後半から30歳くらいという答えが返ってきた。大人と子どもの移行期を発達心理学では「青年期」と呼んでいるが、現代の日本社会で青年期は非常に長くなっていて、10代前半から30歳頃まで約20年にも及んでいる。

　それでは日本の法律では何歳を成人と規定してきたのだろうか。日本の法律における成人規定は長く18歳と20歳の二本立てであった。1896（明治29）年に制定された民法はその第4条で「年齢二十歳をもって、成年とする」と規定している。成人年齢が20歳であるというときの根拠は、この民法の規定によっている。少年法も「「少年」とは、二十歳に満たない者」としている。現行の少年法は1948（昭和23）年に制定された。飲酒と喫煙については、それぞれ「未成年者飲酒禁止法」「未成年者喫煙禁止法」という法律があり、満20歳未満の者の飲酒と喫煙を禁じている。競輪、競馬などのいわゆる公営ギャンブルにおいても、車券、馬券の購入は20歳以上でなければできない。

　一方、18歳を成人として規定している一連の法律がある。児童福祉法は「児童」を18歳未満と定義している。労働基準法も「年少者」を18歳未満としている。選挙権年齢については、1950（昭和25）年に公職選挙法が制定されたときから長く20歳以上と規定されていた。2015年の法改正により選挙権年齢が18歳に引き下げられた。憲法改正の手続きを定めた国民投票法でも、18歳以上の者に投票権が与えられる。

　成人年齢に18歳と20歳と二つの基準があることには、従来から問題点が指摘されていた。例えば、18歳で国や地方の公務員になることはできるが、その場合「未成年」が国家権力の行使に関わることになる。お酒を提供する職業につくことは18歳でも可能だが、自ら飲むことは法律で禁止されている。2015年の公職選挙法の改正でも、18・19歳の未成年者が選挙違反をした場合に、少年法の適用を受けるのかどうかが議論となった。法の整合性という点では、すべての法律で成人を同じ年齢で規定することが望ましい。

　なお、20歳になっても成人としてのすべての権利が保障されるわけではない。地方議会の議員、市町村長と衆議院議員の被選挙権は25歳である。また、都道府県知事と参議院議員の被選挙権に至っては30歳となっている。18歳で

選挙権を行使できても、参議院議員に立候補するまでには 12 年も間があく。被選挙権年齢の引き下げは、今後の議論の焦点の一つである。

２．成人年齢引き下げの経緯

　2000 年に 10 代・20 代の若者により「NPO 法人 Rights（ライツ）」が結成された。彼らは、選挙権・被選挙権年齢の引き下げと、政治教育・シティズンシップ教育の充実を目指して活動した。その活動の中心は未成年による模擬投票で、その活動は 2006 年に模擬選挙推進ネットワークに引き継がれた。2001年 2 月に、筆者は朝日新聞の論壇に「「成人年齢 18 歳」で参加社会に」と題して投稿した。[2]　当時、成人式が「荒れる」ことが問題となっていて、筆者は「成人年齢の 20 歳が人生の区切りにならない年齢であり、これを高校卒業年齢の 18 歳に引き下げることの必要性」を主張した。しかし、これらの主張や運動にもかかわらず、世論の反応は鈍かった。18 歳選挙権の課題が現実のものとして議論されたのは、2006 年の年末からである。それは、憲法改正のための手続法である国民投票法案の審議に当たって、将来、18 歳選挙権を実現することを条件に与野党が法案の成立に合意したからである。国民投票法案は2007 年 5 月に成立し、3 年以内に 18 歳選挙権などを実現することが附則に加えられた。

　こうした動きを受けて、成人年齢引き下げの是非を審議していた法制審議会は、2009 年 10 月に「選挙権が 18 歳に引き下げられるならば、民法の成人年齢も引き下げるのが妥当」とする答申を出した。[3]　その後、18 歳選挙権の実現を積極的に訴えていた民主党の政権となったにもかかわらず、18 歳への選挙権年齢の引き下げ問題は店ざらしにされていた。結局、再び自民党・公明党による政権交代が行われ、2014 年 6 月に国民投票法の一部を改正する法律が成立した。その中で、4 年後の 2018 年 6 月に 18 歳以上の者が国民投票に参加できることが規定された（ただし、それまでは 20 歳以上の者に投票資格がある）。こ

2)　田中治彦「「成人年齢 18 歳」で参加社会に」朝日新聞、2001 年 2 月 14 日付け朝刊 15 面。
3)　「法務省法制審議会民法成年年齢部会答申　民法の成年年齢の引下げについての最終報告書」2009年 10 月 28 日。

うした経緯のなか、2015年6月に選挙権年齢を18歳以上とする公職選挙法改正案が全会一致で成立した。そして、2016年7月の参議院議員選挙から18歳以上の者が投票に参加することになった。

　2018年の国会では、成人年齢を18歳に引き下げる民法改正案が審議される。改正法の公布から施行日まで少なくとも3年程度の期間が設けられる。従って、最速では2021年度から成人年齢が18歳に引き下げられることになる。政府は、少年法の改正についても検討を続けているので、いずれ少年法適用対象年齢の引き下げが議論されるであろう。ただし、政府は、飲酒・喫煙、年金、運転免許などに関する法律は、見直し検討の対象とはしていない。

　それではなぜ成人年齢を引き下げる必要があるのであろうか。筆者は、2014年5月8日に開かれた衆議院憲法審査会・参考人質疑の席上で、特に選挙権年齢の引き下げについて次の3点を主張した[4]。

　第一は、18歳の時点ですでに働いて自活している若者が2割以上いるという事実である。18歳選挙権・18歳成人に反対する議論として、18歳は大学生であり自分で稼いでいないし自活していない、という論点がある。しかし、実際には2割以上の若者がこの時点で働いて自活しているので、彼らを基準に成人年齢の問題を考えるべきであろう。現行の制度では、18歳で働いて稼いだお金でスマホの契約をしようとしても、親の承諾が必要ということになっている。

　第二に、若者の政治参加、社会参加を促すことにより日本社会を活性化させることである。18歳の若者でも、スポーツや芸能の分野ではすでに活躍しており、またインターネットの普及に伴い、ネットの中でも盛んに発言している。若者は政治の分野での参加が閉ざされていて、この分野での活動を促すことが停滞気味の日本社会に活力をもたらすのではないかと期待される。

　第三の理由は、全世界では9割以上の国が18歳以下の選挙権年齢・成人年齢を定めている。欧米社会は1970年代には選挙権年齢・成人年齢を18歳に引き下げている。その後、途上国でも選挙権年齢の引き下げが続き、現在は9割以上の国が18歳以下となっている。オーストリアやブラジルのように選挙

---

4)　「日本国憲法の改正手続に関する法律の一部を改正する法律案」『第百八十六国会衆議院　憲法審査会議録第五号』2014年5月8日、1–21頁。

権年齢を 16 歳に引き下げた国もある。国連の児童の権利条約でも「児童」は 18 歳未満であり、国際的には成人年齢は 18 歳が標準となっている。

3．成人年齢引き下げに関わる課題

18 歳成人をめぐってはいくつか課題がある。まず、選挙権について言えば、これまで行われてきた中学・高校での公民教育では不十分である。現在、選挙や政治に関する事柄は、小学校の社会科に始まり、中学社会科の公民的分野、高校の「現代社会」「政治経済」で主に教えられている。しかし、これらの科目が受験科目でもあるために、知識中心の教育になっていて、市民的な実践力が養われていない。今後は、知識、スキル、態度のすべての側面を伸ばすような市民教育を実践していく必要がある。そのためには、参加体験型の教材や、実際の地域や政治の現場を知るような授業が有効である。文科省と総務省は 18 歳選挙権の実施を受けて主権者教育のマニュアルを出した[5]。また、筆者らも市民教育・主権者教育実践のための手引き書を刊行している[6]。

民法が改正された場合、最大の課題は消費者教育であろう。未成年であれば契約する際に親の同意が必要だが、成人となると自分の判断で契約することができるようになる。そのため、18 歳の時点で詐欺にあうようなケースが懸念される。詐欺商法やクーリングオフ制度に関する知識とそれを実践するスキルが必要となる。この場合も参加体験型の学習が有効である。一方、18 歳は高校在学中の場合が多いので、被害を受けても親や学校に相談するであろうから、全校生徒に再発防止を呼びかけたり、ケーススタディとして教材化することも可能になる。これまでの高校教育は、受験や就職を目的にして教育が行われる傾向があったが、18 歳成人の時代には「大人になるための最終教育機関」として、高校のカリキュラムを全面的に見直すことが求められる。

市民教育は、学校のみならず地域活動や社会教育でも実践することができ

---

5) 総務省／文部科学省（2015）『私たちが拓く日本の未来』（生徒用副教材・教師用指導資料）。
6) 上智大学総合人間科学部（2016）『18 歳選挙権と市民教育ハンドブック』上智大学総合人間科学部・開発教育協会。田中治彦他編（2016）『やさしい主権者教育—18 歳選挙権へのパスポート』東洋館出版社。

る。地域の子ども会や青少年団体活動を通して、民主的な人間関係や集団運営の手法を学ぶことは、従来から盛んに行われてきた。全国各地で行われている「こどものまち」活動では、子ども自身が生産をしたり、サービスを提供して仮想のお金を稼ぎ、そのお金を使ってモノを買ったり活動を楽しんでいる。ここで子どもたちは、生産と消費のしくみを遊びの中から学んでいる。こどものまちのルーツであるミニ・ミュンヘンでは、議員や市長も子ども自身が選んでいて、まさに民主主義を体験的に学ぶ機会となっている。

　成人年齢に関する法律は 300 本強に上り、このうち約 6 割が見直しの対象となる。民法で成人年齢が引き下げられると、それに連動する法律が多くある。また、成人を 20 歳としている他の法律にも当然影響を与える。児童福祉法では当初から「児童」を 18 歳未満としている。しかし、現在、大学や専門学校への進学についてこれを支援する立場から、家庭基盤が脆弱な子どもに対して 20 歳ないし 22 歳まで支援を延長するための法改正が行われた。18 歳を過ぎても何らかの支援が必要な若者が存在する、という現実に立った法整備である。

　同じことは少年法改正の問題でも生じる。現行の少年法では 18・19 歳の少年が犯罪を犯した場合、すべて家庭裁判所に送られ、少年審判の手続きが行われて少年院などで更生のための教育が行われる。すなわち、少年にはまだ可塑性があり、適切な教育により立ち直る機会が与えられている。その結果、現在少年の再犯率は成人の再犯率よりも低くなっている。もし、少年法の改正で成人年齢を 18 歳に引き下げると、18・19 歳の若者は更生の機会を与えられず、再犯のおそれも高まるのではないか、という危惧が専門家の間から提起されている。

　こうした問題が指摘される背景には、そもそも人間は子どもから大人に突然移行するのではなく、長ければ 20 年にも及ぶ「青年」という過渡期を経て成長していくという事実がある。法律上は一定の年齢で子どもと成人とを区別する必要があるが、人間の成長はそのようには進まないという事情がある。青年期という過渡期においては、一方で大人の権利を行使するための準備としての社会参加が必要であると同時に、未完成な者に対する保護の側面も必要なのである。従って、成人年齢を引き下げる場合も、一定の経過措置や補償的な施策

が必要と考えられる。

4. 本書の構成

　本書は18歳成人をめぐる諸問題を教育学と法学の双方の観点から解説し、問題点を整理することをねらいとしている。前半の第1部「18歳成人と教育の課題」で主に教育学や教育実践の観点から18歳成人問題を追究し、後半第2部「18歳成人の制度改革」において主に、法律と制度の観点からこの問題を解説する。

　第1部の第1章「18歳成人問題の歴史」では、明治以来の「成人年齢」について歴史的に追っている。その中で、戦前戦後を通して民法で規定してきた20歳という成人年齢が、実際の学校教育の区切りと合致していなかったことを指摘する。第2章「18歳選挙権に関わる若者の運動」では、18歳選挙権実現のために若者たちが運動をしてきた経緯について述べる。第3〜5章では、18歳選挙権と18歳成人の時代を迎えたときに、教育現場ではどのように主権者教育や市民教育を進めていったらよいのかについて、具体的に提言する。第3章「18歳選挙権と主権者教育」では主に選挙権の問題に特化して、主権者教育の現状と課題を論ずる。第4章「18歳成人と市民教育の進め方」においては、イギリスの市民教育の事例を参考にしながら、我が国での市民教育の進め方について教育現場に即して提言する。第5章「大人になるための市民教育」では、主権者教育のみならず成人になるための幅広い教育活動を取り上げて、今後の方向性について考察する。

　第2部「18歳成人の制度改革」では、日本の国内法令（憲法、法律及び命令）が定める年齢の概念、制度（年齢法制）に関して、その体系の全体を俯瞰する。特に、個々の「法律」に含まれる年齢条項の見直しの動きを考察していく。第6章「年齢制度の法体系とその見直し」は総論、第7章「国民投票権年齢」、第8章「選挙権年齢」、第9章「成年年齢」、第10章「少年法適用対象年齢」および第11章「見直し対象外の年齢」は各論という構成である。

　資料編では、「18歳成人・選挙権に関する参加体験型教材」を3点紹介する。そして、「成人年齢関係年表」を掲載する。

第1部
18歳成人と教育の課題

　第1部では、18歳成人問題について
の国政の動向や民間からの運動について
歴史的に跡づけるとともに、18歳成人時
代を迎えたときに教育現場ではどのよう
な課題があるかを現状とともに論ずる。

　第1章で「18歳成人問題の歴史」を
各種法律や教育制度との関連で検証す
る。第2章「18歳選挙権に関わる若者
の運動」では18歳選挙権を実現するた
めの民間側の運動について見ていく。第
3−5章では、教育現場における市民教
育や主権者教育の現状と課題を論ずる。
第3章「18歳選挙権と主権者教育」、第
4章「18歳成人と市民教育の進め方」、
第5章「大人になるための市民教育」と
いう構成である。

第①章　18歳成人問題の歴史

田中治彦

第1章のポイント

1. 「成人とは何か？」を、民俗、教育、法律の側面から考える。
2. 成人年齢と学校教育との関連について歴史的に考察する。
3. 成人年齢引き下げの動向と引き下げる理由について、イギリスと日本の
   事例を検討する。

1．「成人」とは何か？

（1）子どもと大人の区別

　人間も動物の一種である。動物の場合、子どもをつくることが大人の条件である。同様に、人間も次世代をもうける能力を持つことは「成人」としての一つの重要な条件である。人間の場合、女子では初潮、男子では精通があれば、子どもをつくることが可能となる。女子の場合、平均初潮年齢は2011年現在、12歳2.3ヶ月であり、ほとんどの女子が中学生時代に初潮を経験する[1]。男子の精通は、女子よりも平均1〜2年ほど遅い。生物的、生理的には人間は10代前半で「大人」になる。しかし、現代の日本社会ではたとえ生殖能力が備わっていても10代の中学生を大人とはみなしていない。社会がその構成員を大人と認知するには、単に生理的な能力ではなく、社会的な承認が必要である。

　それでは、現在では人々は何をもって大人とみなしているのであろうか。内閣府の「民法の成年年齢に関する世論調査」において、「子どもが大人になるためには、どのような条件が必要であると思うか」を聞いている。その結果、「自分がしたことについて自分で責任をとれること」を挙げた者の割合が

---

[1]　日野林俊彦他（2013）「発達加速現象に関する研究・その27」『日本心理学会第77回大会発表論文集』1035頁。

72.8％、「自分自身で判断する能力を身に付けること」を挙げた者の割合が70.9％、「精神的に成熟をすること」を挙げた者の割合が 69.4％と高く、以下、「社会人として最低限の学力・知識を身に付けること」（63.9％）などの順となっている（複数回答、上位 4 項目）[2]。

　それでは具体的にどのようなタイミングで「大人になった」と感じているのであろうか。アサヒグループホールディングス青山ハッピー研究所が 2016 年に行った調査において、「精神的に『自分が大人になったな』と感じた瞬間は？」の問いに対して、「昔に比べ、性格が丸くなったと感じたとき（感情コントロールができるようになった）」「自分の子どもが生まれたとき」「就職して社会人になったとき」「親から援助されず、経済的に自立したとき」「結婚したとき」が上位に並んでいる[3]。これらのイベントは 30 歳代にまでも及んでいて、現代の日本社会では青年期は 10 代前半から 30 歳代まで約 20 年の長きにわたっていることが分かる。それでは、歴史的に成人年齢はどのようにとらえられてきたのであろうか。

（2）「成人年齢」の歴史

　近世の日本社会においては、生理的な成熟と成人年齢は一致していたか、ほとんど離れていなかった。江戸時代の武家社会には、男子には元服、女子には髪上げという儀式があり、今の成人式に相当する意味合いがあった。男子の元服は数えで 15 歳であり、女子の髪上げは 13 歳か初潮を迎えたときに行われた。農村社会には若者組という通過集団があり、概ね 15 歳から 25 歳の若者が加入していた。25 歳以前でも結婚すると脱退する。若者組は、村落社会において、教育、祭礼、消防、治安維持、共同耕作、婚姻準備などの一定の役割を担っていた。若者組は自治的な集団であり、その年長者が指導者となり、祭

---

2)　『世論調査報告書　民法の成年年齢に関する世論調査』内閣府大臣官房政府広報室、2013 年 10 月調査、http://survey.gov-online.go.jp/h25/h25-minpou/index.html（アクセス日：2017 年 9 月 5 日）。
3)　アサヒグループホールディングス青山ハッピー研究所「大人って？」。調査対象は全国の 20 歳以上の男女、有効回答数 815 人、調査方法－インターネット調査、調査期間：2016 年 6 月 22 日～ 6 月 28 日　http://www.asahigroup-holdings.com/company/research/hapiken/maian/201606/00597/（アクセス日：2017 年 9 月 5 日）。

礼などにおいては村の指導者と対等に話し合うことができた。江戸時代には、一般に数えで 15 歳が成人の入り口であり、結婚をもって一人前と認められていたと考えられる[4]。明治の近代化とともに、近代国家制度である学校と軍隊とが成人などの年齢を規定することになる。1873（明治 6）年に制定された徴兵令においては「徴兵ハ国民ノ年甫メテ二十歳ニ至ル者」とされ、満 20 歳が徴兵年齢とされた。成人年齢を初めて規定した 1876（明治 9）年の太政官布告第 41 号においては「自今満弐拾年ヲ以テ丁年ト相定候」とされた。「丁年」とは成人年齢の意味である。20 歳を成人年齢とした理由については、当時のフランス民法を参考にした（ただし、フランス民法で成人は 21 歳）という説が有力である。その後、1896（明治 29）年に制定された民法で「満二十年ヲ以テ成年トス」（第 3 条）と定められた。これにより現在（2018 年 1 月）に至る「成人＝ 20 歳」が確立した[5]。

　「成年」の対語である「少年」「青年」についても考察しておこう。年少者に対する近世の一般的な呼称は「子」ないしは「子供」であった。少年、青年は近代化とともに使用されるようになった用語である。明治から大正にかけて、幼年、少年、青年の用語が使用されるものの年齢の区切りはあいまいであった。1875（明治 8）年に開設される陸軍幼年学校には 13 歳から 18 歳が学んでいた。1925（大正 14）年の制定となる少年法において少年とは 18 歳未満を指していた。「青年」は 1880（明治 13）年に設立された東京基督教青年会（YMCA）において ‘Young Men’ の訳語として用いられて、その後広がった[6]。

　1915（大正 4）年に内務・文部両省により「青年団体の指導に関する共同訓令」が出されて以来、各地域で青年団が結成されていった。また、1913（大正 2）年に小柴博が東京少年軍を結成して以来、ボーイスカウトの影響を受けて日本各地に少年団が誕生していく。その後、1922（大正 11）年に少年団日本連盟、また 1925（大正 14）年に大日本連合青年団という全国組織が成立する。

4)　田中治彦（2015）『ユースワーク・青少年教育の歴史』東洋館出版社、63-64 頁。

5)　広井多鶴子（2001）「近代日本における親と子の制度化過程」『平成 12 年度文部省科学研究費報告書』1-14 頁。

6)　田中（2015）、前掲、252-253 頁。

青年団は数えで 15 歳から 30 歳くらいを組織していたので、この頃より、尋常・高等小学校の在学生（7 歳〜 14 歳）を「少年」、それ以上の年齢層を「青年」と呼ぶことが定着した。

(3) 成人概念のゆらぎ

　1947（昭和 22）年に制定された教育基本法の第 1 条において、教育の目的として「教育は、人格の完成をめざす」ことが明示された。この文言はカント以来の人格主義を引き継ぐものであり、成人とは人格という理想型が完成した存在であり、それに向けて教育が行われるべきである、という理念であった。成[7]人は一つの「完成体」であるという思想は、その後も 1970 年代まで有力であった。戦後の教育改革において、成人年齢に関連してもう一つ重要なことがある。それは、六三三四制という学校階梯の区切りである。中学卒業が 15 歳、高校卒業が 18 歳、大学卒業が 22 - 3 歳ということになり、民法の成年である 20 歳は人生の区切りの年とはなっていない。このことは後に 20 歳で行われる成人式の意義づけの希薄さをもたらし、「荒れる成人式」現象の遠因となっていったと考えられる。

　成人が一つの完成体であるという思想は、戦後の日本に大きな影響をもたらした青年心理学によって補強される。その代表がエリク・ホーンブルガー・エリクソン（Erik Homburger Erikson）によるアイデンティティ論である。[8]エリクソンによれば、人間の一生は八つの発達段階に区分され、それぞれの段階に固有の発達課題が存在する。青年期における発達課題はアイデンティティ（自己同一性）の獲得である。青年期には、家族、学校、同年齢集団というそれまで取り結んできた諸集団によって獲得した自己認識と、青年期以降に関係を結ぶことになる職場、伴侶、地域社会などにおいて期待される自己認識とが対立する。それを青年期において調整（同一化）しなければならなくなる。青年期は

---

7)　杉原誠四郎（2003）『教育基本法の成立─「人格の完成」をめぐって』文化書房博文社、14-16 頁。

8)　Erik H.Erikson（1959）*Identity and the Life Cycle*, New York:International Universities Press.［エリク・H. エリクソン著、小此木啓吾訳編（1973）『自我同一性─アイデンティティとライフ・サイクル』誠信書房］。

自己と社会との葛藤の時期であり、葛藤のために与えられた猶予期間をエリクソンはモラトリアムと呼んだ。この時期は単に外部世界との葛藤のみならず、人生の価値の獲得という内的な葛藤の時期でもある。それゆえ、先人の思想・哲学、宗教、イデオロギー、文学、学問的真理などに正面から取り組み、それらを自分のものにしていくことが推奨された。カントの人格主義とは時代も理論的枠組みも異なるが、エリクソンのアイデンティティ論もまた成人を「完成体」ととらえる点では一致している。エリクソン心理学は、戦後日本の青年心理学の主流であり、完成体としての成人概念が1970年代まで保持されることとなった。

　エリクソンの著作の翻訳者でもある小此木啓吾によってアイデンティティ論への疑問が呈されたのが1980年代である。小此木は1970年代の若者を観察するなかで、多くの若者たちが上記の葛藤自体を拒否し、一時的であるべき青年期を延長しようとしていると論じた。かれらは既存の価値（思想・哲学、文学、イデオロギー、学問的真理など）を認めず、絶対的真理などを追究せず、既存の組織や社会体制に与しない存在であった。社会的責任を引き延ばし、幼児的な万能感と欲求の追求に浸っている若者たちを小此木は「モラトリアム青年」と名付けた。青年心理学の主流であったアイデンティティ論に、大きな疑問符が付くようになったため、以後、「完成体」としての成人概念が揺らぐことになる。[9]

　モラトリアム青年現象が現れた背景には、日本社会自体が1980年代に大きく変化したことが挙げられる。図1-1は明治以来の日本社会の発展と、若者の成長を図式化したものである。すなわち、明治維新から1980年代までのAの時代にあっては、「西洋に追いつき、追い越せ」という国家目標があった。若者にとっては、戦前の「立身出世」や戦後の「技術立国」のようなスローガンに従っていれば、一定の成果と人生が補償されるように感じられた時代である。この時代にあっては、自身の成長の先に「完成体としての成人」があることは想定しやすかったであろう。

---

9)　小此木啓吾（1984）『モラトリアム社会のナルシスたち』朝日出版社。

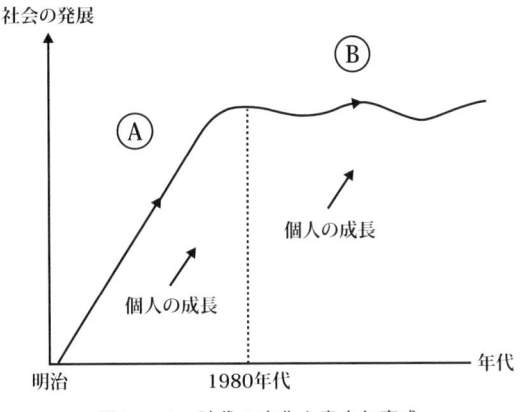

図 1 － 1　時代の変化と青少年育成

　しかし、1980 年代以降の B の時代にあっては、日本社会は経済的な豊かさ
をある程度達成し、右肩上がりの経済成長は鈍化し、統一的な国家目標も存在
しない。1980 年代には終身雇用制度が見直され、90 年代に入ると政府による
セイフティーネットも財源難によりほころびを見せる。若者は「約束された未
来」の信憑性に疑問を感じ、既存の価値や社会体制に全面的に与することが少
ない。従って、「完成体としての成人」概念も現在の若者にとっては想定しに
くい。また「成人モデル」自体が多様化したために、大人社会の側も「完成し
た一つの成人モデル」を提示することが困難となった。[10] 子どもから大人への移
行が 10 歳代から 30 歳前後までと長期化するのみならず、成人モデルが多様
化したことが、法制度的に成人年齢を一律に規定するための議論を一層困難に
している。

2．法律における成人年齢と人間の発達

(1) 法律における成人年齢

　日本の法律において「成人」はどのように規定されてきたのであろうか。現
在の日本の法令では表 1 - 1 にあるように、成人としての権利は 16 歳から 30 歳

---

10)　田中治彦（2012）『若者の居場所と参加—ユースワークが築く新たな社会』東洋館出版社、2-4 頁。

までに段階的に獲得される。表1-1からは日本の法律における成人規定が、18歳と20歳の二つの基準があることが分かる。1896（明治29）年に制定された民法はその第4条で「年齢二十歳をもって、成年とする」と規定した。成人年齢が20歳であるというときの根拠は、この民法の規定によっている。1948（昭和23）年に制定された現行の少年法では、「「少年」とは、二十歳に満たない者」としている。飲酒と喫煙については、それぞれ「未成年者飲酒禁止法」「未成年者喫煙禁止法」という法律があり、満20歳未満の者の飲酒と喫煙を禁じている。競輪、競馬などのいわゆる公営ギャンブルにおいても、車券、馬券の購入は20歳以上でなければできない。

表1-1　各種法律における「成人」年齢（2018年1月現在）

16歳	女子の結婚（民法、親の同意必要）
18歳	公職選挙法の選挙権、国民投票法（投票日が2018年6月20日までの国民投票においては、満20歳以上） 労働基準法、児童福祉法 男子の結婚（民法、親の同意必要） 皇室典範
20歳	民法、少年法 未成年者飲酒禁止法、未成年者喫煙禁止法 競馬法、自転車競技法、モーターボート競争法
25歳	衆議院・市町村長の被選挙権
30歳	参議院・都道府県知事の被選挙権

　一方、18歳を「成人」として規定している一連の法律がある。児童福祉法は「児童」を18歳未満と定義している。労働基準法も「年少者」を18歳未満としている。選挙権年齢については、1950（昭和25）年の公職選挙法に20歳以上と規定されていたが、2015年の公職選挙法改正により選挙権年齢が18歳に引き下げられた。憲法改正の手続きを定めた国民投票法でも、2018年6月以降は18歳以上の者に投票権が与えられる。

　このように戦後長きにわたって成人年齢に18歳と20歳と二つの基準が併存していた。このことは従来から問題点が指摘されていた。例えば、2015年の公職選挙法の改正では、18・19歳の未成年が選挙違反をした場合に、少年

法の適用を受けるのかどうかが議論になった。結局、当分の間の特例措置として選挙犯罪については少年法の適用から除外することとなった。法の整合性という観点からは、すべての法律で成人を同じ年齢で規定することが望ましい。なお、20歳になっても成人としてのすべての権利が保障されるわけではない。18歳で選挙権を行使できても、参議院議員に立候補するまでには12年も間隔があいている。被選挙権年齢の引き下げは、今後の公職選挙法改正の議論の焦点となっている。[11]

(2) 法令上の「成人」と教育制度

　第二次世界大戦以前の日本において、庶民にとって「成人」が意識されたのは民法（1886年制定）よりも、徴兵制度であった。特に、1927（昭和2）年の兵役法の公布によって実施された徴兵検査は実質的な意味があった。「甲種」で合格することは一人前の成人としての名誉を得ると同時に、近い将来の兵役という重い義務を負うことを意味した。

　明治の後期には、義務教育が修了する12歳から徴兵年齢20歳までの「青年教育」が重要課題となっていた。1907（明治40）年にそれまで4年であった義務教育が6年に延長された。この時点で、尋常小学校は全員就学に近く、高等小学校に進学する者も5割を超えていた。これに先立ち、1893（明治29）年には、「実業補習学校規程」が制定された。実業補習学校（実補）は、小学校教育の補習と簡易な職業知識を教授することを目的としていたが、その内実は「実業」よりも「補習」教育に重点が置かれていた。当初はさほど広まらなかったが、1902（明治35）年頃より、特に農村部で伸びていった。1925（大正14）年に普通選挙法が成立して、男子成人に選挙権が与えられることになった。その年に実業補習学校において「公民科教授要綱」制定される。選挙権の付与と公民教育の最初の連動であり、現在の社会科につながる教科目「公民」の最初の使用例でもある。

　1926（大正15）年には、青年訓練所が設置された。これは第一次世界大戦後

11)　南部義典（2016）「18歳選挙権・18歳成人の法律論」『18歳選挙権と市民教育ハンドブック』開発教育協会、17頁。

の軍縮を背景に、軍備を制限された軍部が、軍事力の質的向上を目指して設置を促したものである。最終的には、実業補習学校に続く訓練機関として、16歳からの4カ年の間に、軍事教練、公民教育、補習教育を施すもの、として構想された。その後、実業補習学校と青年訓練所の統合を求める声が高まり、1935（昭和10）年には両者は「青年学校」へと合体された。1943（昭和18）年の中等学校令により、青年学校は中学校、高等女学校、実業学校と法制度上、同等の学校であるとされた。[12]

写真 1-1　成人式の様子

戦後の六三制においては、中学までの9年が義務教育とされた。中学卒業の15歳から成人の20歳までの接続は、高校・大学教育と社会教育における青年教育（例えば、青年学級）に期待されるところとなった。1960年時点での高等学校への進学率は60％程度であり、高校は戦前からのエリート教育の意識も強かったので、成人になるための意図的な教育はほとんど施されなかった。1972年には高校進学率が90％を超えて、「高校全入時代」を迎えることになるが、修了時の年齢が18歳であることや、進学熱の高まりとともに進学教育こそ意識されるものの、成人のための教育はやはり軽視されるところとなる。今回、18歳選挙権が実現して、ようやく成人になるための主権者教育や市民教育が意識されることになる。

3．成人年齢引き下げの経緯

(1) イギリスのラテイ報告書

　成人年齢の引き下げは欧米において1960年代後半から1970年代前半にかけて行われている。イギリスは1969年に選挙権年齢・成人年齢ともに従来の21歳から18歳へと引き下げた。ドイツは1970年に選挙権年齢を18歳に引き下げ、74年に成人年齢を18歳とした。アメリカ合衆国は多くの州が1971年

---

12)　田中（2015）、前掲、110頁。

に選挙権年齢を18歳に引き下げた。選挙権年齢・成人年齢引き下げの背景には、1960年代に青年自身から高まった参加要求がある。それらは学生運動としてときには過激な手段をとることもあった。もう一つの要因は徴兵制度である。アメリカではベトナム戦争に伴い、18歳を徴兵年齢としていたため、参政権も同時に付与する動機となった[13]。

　なぜ、成人年齢を引き下げるのか、その理由を考察するためにイギリスの事例を検討したい。イギリスで成人年齢引き下げを提案したのは1967年のラテイ委員会報告書である[14]。ラテイ委員会は当時21歳であった成人年齢を変更することの是非を諮問されて、18歳への引き下げを提案した。その中で当時の成人年齢である21歳の根拠が、マグナ・カルタ（1215年制定時）に騎士になる年齢が21歳とされたことによると解説している。それまでは慣習的には15歳で大人とみなしていたが、騎士が身につける甲冑が重くなり騎馬も重装備になったために21歳に引き上げられた。

　委員会は成人年齢を18歳とすべき理由として次の5点を上げている。①肉体的に十分成熟している。②18歳で大多数が自活して責任ある大人として行動している。③若者に密接に接している人ほど18歳成人に肯定的である。④18歳の若者自身が自らを成人ととらえている。⑤18歳はすでに人生の重要な分岐点であり、兵役の義務、飲酒、自営業、車・バイクの運転ができるようになっている。一方、成人年齢を21歳にとどめるべきであるという少数意見も掲載されている。その理由は「21歳成人は西欧社会で定着している」「教育期間の延長により社会経験が乏しくなっている」「21歳以下で結婚した若者の離婚率が3倍である」などであった。ラテイ報告書の提案は議会に受け入れられ、イギリスでは1969年より成人年齢、選挙権年齢ともに18歳に引き下げられた。

(2) 日本における成人年齢引き下げの動向

　西欧諸国で選挙権年齢が引き下げられた1970年頃には、日本でも国会で若

---

13)　平田厚（2009）『これで納得！　成年年齢—18歳成人論の意味と課題』ぎょうせい、10–11頁。

14)　Justice Latey (1967) *Report of the Commitee on the Age of Majority*, H.M.S.O.

干の議論がなされている。自治省（当時）は 1971 年に政治意識に関する世論調査で 18 歳選挙権の是非を問うている。その結果、賛成は 22.0％、反対は 60.2％であり、全世代で反対が上回っている。その後も 18 歳選挙権に関する動きは乏しく、1985 年の国際青年年のときに日本青年団協議会が 18 歳選挙権の早期実現を求めたのが目立つ程度である[15]。

　1999 年に入り、朝日新聞、日経新聞が社説や論説で 18 歳選挙権を取り上げた。2000 年 1 月には小渕恵三首相の私的諮問機関である「21 世紀日本の構想」懇談会が、選挙権の引き下げについて言及した。同年 6 月の衆議院選挙では、民主党、公明党、共産党、社民党の各党が 18 歳選挙権を公約に加えた[16]（Rights, 2002）。

　民間レベルでは、2000 年 5 月に 10 代・20 代の若者により「NPO 法人 Rights（ライツ）」が結成された。彼らは、選挙権・被選挙権年齢の引き下げと、政治教育・シティズンシップ教育の充実を目指して活動した。活動の中心は未成年による模擬投票で、その活動は 2006 年に模擬選挙推進ネットワークに引き継がれた。2001 年 2 月に筆者は朝日新聞の論壇に「「成人年齢 18 歳」で参加社会に」と題して投稿した。当時、成人式が「荒れる」ことが問題となっていて、筆者は「成人年齢の 20 歳が人生の区切りにならない年齢であり、これを高校卒業年齢の 18 歳に引き下げることの必要性」を主張した[17]。

　18 歳選挙権の課題が現実のものとして議論されたのは、2006 年の年末からである。それは、憲法改正のための手続法である国民投票法案の審議に当たって、将来、18 歳選挙権や 18 歳成人を実現することを条件に与野党が法案の成立に合意したからである。国民投票法案は 2007 年 5 月に成立し、3 年以内に 18 歳選挙権などを実現することが附則に加えられた。こうした動きを受けて、成人年齢引き下げの是非を審議していた法制審議会は、2009 年 10 月に「選挙権が 18 歳に引き下げられるならば、民法の成人年齢も引き下げるのが妥当」

---

15)　日本社会教育学会（1985）『現代社会と青年教育』東洋館出版社、203 頁。
16)　Rights（ライツ）編（2002）『16 歳選挙権の実現を！　選挙権年齢の引き下げを考える』現代人文社。
17)　田中治彦「「成人年齢 18 歳」で参加社会に」朝日新聞、2001 年 2 月 14 日付け朝刊 15 面。

とする答申を出した。[18] 当時は 18 歳選挙権の実現を積極的に訴えていた民主党の政権であったにもかかわらず、18 歳への選挙権年齢の引き下げ問題は店ざらしにされていた。再び自民党・公明党による政権交代が行われ、2014 年 6 月に国民投票法の一部を改正する法律が成立した。その中で、4 年後の 2018 年 6 月に 18 歳以上の者が国民投票に参加できることが規定された。こうした経緯のなか、2015 年 6 月に選挙権年齢を 18 歳以上とする公職選挙法改正案が全会一致で成立した。2016 年 7 月の参議院議員選挙から 18 歳以上の者が投票に参加することになった。

　政府は 2018 年中の国会に成人年齢を 18 歳に引き下げる民法改正案を提出する予定である。民法が改正されても、施行日まで少なくとも 3 年程度の期間が設けられることになり、早ければ 2021 年度から成人年齢が 18 歳に引き下げられることになる。法務省はまた、少年法の改正についても検討を続けている。ただし、政府は、飲酒・喫煙、年金、運転免許などに関する法律は、今のところ見直しの検討対象とはしていない。

(3) 選挙権・成人年齢を引き下げる理由

　選挙権年齢および成人年齢を引き下げる根拠はどこにあるのであろうか。先にみたようにイギリスのラテイ報告書では 5 点の理由が挙げられていた。2000 年の「21 世紀日本の構想」懇談会は、選挙権年齢を引き下げることにより、若年層だけでなく高齢層も政治的に活性化させ、国民的な政治への参画意識を高めることを期待している。次に、若者による NPO 法人である Rights は、18 － 20 歳の年齢層はすでに環境・福祉・まちづくりなどに興味を持ち社会参加している人も多く、それを政治参加につなげるために 18 歳選挙権が必要であると主張する。さらに、少子高齢化により有権者の年齢構成が急速に高齢者に偏っていて、若者の意見が政治に反映されにくいことを挙げて、世代間均衡を保つためにも選挙権年齢を下げるべきである、としている。[19]

---

18)　「法務省法制審議会民法成年年齢部会答申　民法の成年年齢の引下げについての最終報告書」
　　　2009 年 10 月 28 日。
19)　Rights（2002）、前掲、13-15 頁。

　選挙権年齢の引き下げに関する主要な論点は次の 3 点と考えられる[20]。第一は、18 歳の時点ですでに働いて自活している若者が 2 割以上いるという事実である。18 歳選挙権に反対する議論として、18 歳は大学生であり自分で稼いでいないし自活していない、という論点がある。しかし、実際には 2 割以上の若者がこの時点で働いて自活しているので、彼らを基準に成人年齢の問題を考えるべき、という主張である。第二に、若者の政治参加、社会参加を促すことにより日本社会を活性化させることである。18 歳の若者でも、スポーツや芸能の分野ではすでに活躍しており、またインターネットの普及に伴い、ネットの中でも盛んに発言している。若者は政治の分野での参加のみが閉ざされていて、この分野での活動を促すことが停滞気味の日本社会に活力をもたらすことが期待される。この点についての反対論としては、18 歳では社会経験に乏しく、政治的判断力に欠けるという議論がある。これは、教育における公民教育・市民教育の課題であり、第 3 〜 5 章で検討したい。

　第三の理由は、全世界では 9 割以上の国が 18 歳以下の選挙権年齢・成人年齢権を定めていることである。オーストリアやブラジルのように 16 歳に引き下げた国もある。国連の児童の権利条約でも「児童」は 18 歳未満であり、国際的には成人年齢は 18 歳が標準となっている。この点についても、日本は独自の基準で成人年齢を定めればよいという意見がある。しかし、日本の若者が世界の 9 割の国々と比べて成熟度が劣っているとは考えにくい。

　成人年齢引き下げについては、2009 年の法制審議会はその理由として「若年者が将来の国づくりの中心であるという国としての強い決意を示すことにつながる」ことを挙げている。一方で、実際には若者の自立を支援する仕組みが必要であるとして、キャリア教育の実施、シティズンシップ教育の実施、若年者の相談サービスの充実、社会参加プログラムの充実、自立困難者への支援、の必要性を挙げている。

---

20)　「日本国憲法の改正手続に関する法律の一部を改正する法律案」『第百八十六国会衆議院　憲法審査会議録第五号』平成 26 年 5 月 8 日、1-21 頁。

4.　おわりに

　本章では、まず成人年齢を規定するに当たって、「成人」とは何かについて心理、教育、民俗、法律などの諸側面から検討した。1980 年代以降の日本社会において成人概念が揺らいでいることが、成人年齢の議論を困難にしていることを指摘した。次に、近代日本において民法が規定する成年年齢と、学校教育の階梯との間に乖離があり、人生の節目としての成人意識が持ちにくい状況が続いてきたことを明らかにした。

　成人年齢の引き下げについては、イギリスなど欧米諸国では 1970 年代に行われている。日本においては今世紀に入ってからであるが、その動向と成人年齢を引き下げる理由について考察した。18 歳選挙権実現のために若者自身による運動があった。次章でその動向についてみていこう。

* 第 1 章および第 5 章の論考は、田中治彦（2017）「18 歳「成人」と教育の課題」（『教育学研究』第 84 巻第 2 号所収）をもとに大幅に加筆したものである。

第②章　18歳選挙権に関わる若者の運動

林　大介

第2章のポイント

1. 政治と向き合う学生・若者団体の背景について考察する。
2. 「憲法改正」論議が選挙権年齢引き下げに及ぼした影響について考える。
3. 選挙権年齢引き下げを求める学生・若者の取り組みについて知る。

1．政治に声を上げ始めた若者たち

　1960 年代の高度経済成長を過ぎ、80 年代のバブル経済になると人々の政治への関心は徐々に薄れ、それに比例するかのように実際の選挙における投票率が低下するようになった。特に 20 代の投票率の低下は顕著で、1993 年以降、20 代の投票率は 5 割を切り、平均よりも 20 ポイント近い低さで推移した。若者の政治離れに対する懸念の声が高まっていたといえる。

　そうした中、立候補者と投票者を近付け、政策論議をすすめるために、「公開討論会」が 1990 年代から市民レベルで行われるようになってきた。その草分けが、「公開討論会支援専門 NGO のリンカーンフォーラム」である。リンカーンフォーラムは、1996 年、政治・環境・教育 NGO である「地球市民会議」の公開討論会支援プロジェクトとしてスタートしたが、2000 年 11 月に地球市民会議から組織として独立。2015 年 4 月には一般社団法人化し、現在は「一般社団法人公開討論会支援リンカーン・フォーラム（http://www.touronkai.com/)」の名称で活動を行っている。

　リンカーンフォーラムは、公開討論会普及・推進、公開討論会主催者に対する公平中立な運営方法の支援・指導、公開討論会運営マニュアルの作成、投票率の向上を目指す政治啓発運動の推進などに取り組んできた。公職選挙法に抵

触せず、候補者も運営側も安心して公開討論会に関わることのできるマニュアルを作成した功績は大きく、リンカーンフォーラム形式の公開討論会を行う団体が全国各地で生まれた。90 年代後半からは「公開討論会」そのものを大学生が企画したり、大学生を中心とする若者世代の政治参加を強く意識した取り組みが出てきた。

　学生と国会議員を結びつける議員インターンシップ（国会議員や地方自治体の首長、地方議員の下で一定期間インターンシップを行う）に取り組む「NPO 法人ドットジェイピー（http://www.dot-jp.or.jp/）」が 1998 年に設立され、1999 年には地方議会議員のインターンシップに特化した「NPO 法人 I-CAS（http://www.i-cas.org/）」が発足した。議員インターンシップは、今では各政党や議員（国政・地方を問わない）が独自に実施することも増え、議員インターンシップ経験者が実際に選挙に立候補することも増えてきた。

　2000 年代に入ると、20 代の社会人・学生が「自分達の手で信頼できる政治家をつくる活動」を行う「ステイツマン（現在は活動休止中）」を結成し、ステイツマンが支援した候補者が、地方議員を中心に政治家として誕生した。また、「政治と学生の距離を縮める」ことを目的とした「大学生による政策立案コンテスト」を主催する「GEIL（https://www.geil-waav.org/）」といった、いわゆる "政治系 NPO" が 1990 年後半から 2000 年前半にかけて立ち上がった。

　そうした中、「選挙権年齢引き下げ、子ども・若者の政治参加」を掲げた「任意団体 Rights（http://rights.or.jp/）」[1] が 2000 年 5 月に結成され、2001 年に NPO 法人化された（「資料 2　成人年齢関係年表」195 頁参照のこと）。

2.　選挙権年齢引き下げに向けた動き

　選挙権年齢の引き下げが実現するまでには、どのような経緯があったのだろうか。他国においては、1960 年代に勃発したベトナム戦争において、当事国であるアメリカでの徴兵年齢が 18 歳であったことに伴い、1970 年、同国では選挙権年齢も 18 歳に引き下げられた。ドイツも兵役義務開始年齢（18 歳）に

---

1)　NPO 法人 Rights のこれまでの取り組みについては、Rights ウェブサイト参照のこと。http://rights.or.jp/history

合わせて選挙権年齢を 18 歳に引き下げるなど、1960 〜 70 年代にかけて世界各国が選挙権年齢を相次いで引き下げた。

　こうした他国の状況を踏まえて、日本においても少年法の改正論議とともに選挙権年齢引き下げについての議論が始まった。自治省（当時）は 1971 年に「政治意識に関する世論調査」を実施し、この調査において「「選挙権を持つ年齢を、18 歳に引き下げよう」という意見がありますが、あなたはこれに賛成ですが、反対ですか」という設問を設けた。16 〜 19 歳の回答では「賛成」が38.1 ％、「反対」が 46.1 ％、成人の回答では「賛成」が 22.0 ％、「反対」が60.2 ％であった。反対意見が多かったこともあり、具体的な議論が発展せず、選挙権年齢引き下げは当面先送りされることとなった。

　その後、国連では、1989 年に国際条約「児童の権利に関する条約（子どもの権利条約）」が全会一致で採択された。子どもの権利条約では「18 歳未満」を子どもと定義し、「子どもの最善の利益」を尊重することを何よりも強く謳っている。その上で、「生きる権利」「育つ権利」「守られる権利」「参加する権利」の四つの柱に大きく分けて、個別的な権利を定めている。日本政府は 1994 年に批准したが、国連で条約が採択される前後から、NPO が日本政府に対して、早期の条約批准を求める活動を行っていた。

　条約が〈子ども＝ 18 歳未満〉と定めているということは、世界的には〈おとな＝ 18 歳以上〉ということになる。実際、主要国の多くは選挙権年齢を 18歳と定め、成人年齢も 18 歳からとしている国が多い（とはいえ、必ずしも選挙権年齢と成人年齢が一致していなければいけないわけではない）。そこで、日本政府が子どもの権利条約を批准したことを背景にして、1998 年頃より選挙権年齢引き下げに関して新聞各紙が取り上げるようになり、引き下げを求める市民運動も再燃した。

　2000 年 6 月に行われた衆議院議員選挙では、民主党、公明党、共産党、社民党が選挙公約に「18 歳選挙権」を掲げた。また、この間、選挙権年齢引き下げを求める意見書が、100 近い自治体から提出されるなど、地方自治体レベルからも選挙権年齢引き下げに向けた働きかけが拡がってきた。

　2000 年 10 月には、『若者の政治参加をめざして―選挙権年齢引き下げを考

える』と題した国会議員のシンポジウムが、前述の Rights 主催で開催された。このシンポジウムには主要6政党の国会議員が参加し、翌2001年にはシンポジウムに参加した国会議員を中心とした「選挙権年齢の引き下げを求める国会議員懇談会」が結成された。

3. 憲法改正論議と選挙権引き下げ

18歳選挙権実現に向けた働きかけは、地方自治体からの意見書や、投票年齢引き下げのきっかけとなった市町村合併に伴う住民投票など、地方自治体レベルでの動きは拡がりを見せた。例えば、2001年1月に田無市と保谷市が合併して誕生した東京都西東京市においては、「町の将来の問題なので、少しでも多くの人に参加してもらいたい」という合併協議会の意向により、投票できる年齢を18歳以上とした「合併の是非を問う市民意向調査」（2000年7月）が行われた。

また、愛知県高浜市では2002年5月、住民投票条例の改正の際に投票年齢規定をこれまでの「20歳以上」から「18歳以上」に引き下げた。そして秋田県岩城町では、2002年8月の住民投票条例制定の際に投票年齢を「18歳以上」とし、9月下旬の住民投票（「市町村合併に関する住民投票」）では全国で初めて18歳・19歳という、投票権のない世代が政治的意思決定に参加できるようになった。

しかし、こうした地方自治体レベルでの動きに対して、政府および国会の動きはにぶかった。前述した「選挙権年齢の引き下げを求める国会議員懇談会」のメンバーであった阿久津幸彦議員（民主党・当時）が、同年6月の「政治倫理の確立及び公職選挙法改正に関する特別委員会」において、選挙権年齢引き下げについての質問を行ったが、単発的な扱いとなっていた。そうした中、実際に選挙権年齢引き下げが国会で議論されるようになったのは、2007年に可決された「日本国憲法の改正手続に関する法律（憲法改正国民投票法）」においてである。

憲法改正の議論は2005年以降に国会で始まった。自民党と公明党などの与党による当初の案では、投票権年齢を「20歳以上」としていたが、野党第一

党の民主党は投票権年齢を「18 歳以上」に引き下げることを主張していた。民主党としては、「これからの社会を担う若い人に、国の根幹である憲法についてきちんと考えてほしい」という思いがあったようである。

　党是である憲法改正を目指す自民党としては、「日本国憲法の改正手続に関する法律（憲法改正国民投票法）」を制定しなくては前に進むことができない。そこで、与党の自民党と公明党は民主党案に歩み寄るかたちで、国民投票の年齢規定を 18 歳以上とする修正案を提出した。

　実際の国会での議決においては、民主党は憲法改正国民投票法に反対を投じたが、過半数を占めている自民党と公明党の賛成で憲法改正国民投票法は可決された。2007 年に可決された同法の第三条では、「投票権者は 18 歳以上の日本国民」と規定している。しかしその一方、附則三条で「ただし、18 歳以上の者が国政選挙で投票できるように公職選挙法の選挙権の年齢や民法の成年年齢（20 歳以上）などの規定について検討し必要な法制上の措置を講じて、18 歳以上の者が国政選挙で投票することができるように改正するまでは、国民投票の投票権者も 20 歳以上とする」と規定していた。つまり実際は「20 歳投票」であった。

　そして、法施行までの 3 年間（2010 年から施行）に選挙権年齢等の引き下げを実施することが定められたのだが、その後の国会審議は進まず、3 年の経過措置期間も過ぎ、違法期間に入っていった。やがて、自民党から民主党へ政権交代（2009 年）、東日本大震災発生（2011 年）、総選挙での民主党の敗北、自民党政権復活（2012 年）と日本が激動の時代を行き過ぎるなか、選挙権年齢引き下げの議論は停滞した。

4.　第二次安倍政権と「改正国民投票法」

　そうしたなかで自民党政権が復活、誕生した第二次安倍政権（2012 年〜）は、改憲の是非を問う国民投票の投票権年齢を法施行から 4 年後に「20 歳以上」から「18 歳以上」に引き下げることを柱にした「改正国民投票法」を国会に提出した。この法案は、自民・公明・民主など与野党 8 党の賛成多数で可決、成立し、2014 年 6 月に施行となった。

　「改正国民投票法」においては、その投票年齢を 4 年以内に 18 歳以上に引き下げることとしていた。そこでこれに合わせて選挙権年齢も引き下げることについて、共産、社民両党を除く与野党がプロジェクトチームをつくり議論を開始し、選挙権年齢を引き下げる公選法改正案を臨時国会に提出した。しかし、このときの改正案は衆議院解散・総選挙に伴い廃案となった。

　その後、自民・民主・維新・公明・次世代・生活の与野党 6 党が、改めて選挙権年齢を現在の「20 歳以上」から「18 歳以上」に引き下げる公職選挙法改正案を 2015 年 3 月に衆議院に提出、この公職選挙法改正案が同年 6 月に衆議院と参議院で可決、成立となり、選挙権年齢が「18 歳以上」に引き下げられた。このように「18 歳選挙権」実現においては、2000 年代の選挙権年齢引き下げを求める国会での議論もありつつ、引き下げに向けた動きの直接的な引き金に「憲法改正」があるのは事実である。

5.　「若者の政治参加」から「未来の有権者への政治教育」の促進へ

　前述のように Rights は 2000 年 5 月に結成され、同年秋に国会議員シンポジウム『若者の政治参加をめざして─選挙権年齢引き下げを考える』を開催、そして翌 2001 年に「選挙権年齢の引き下げを求める国会議員懇談会」が結成されるなど、当初は国会議員へのロビーイングに取り組んでいた。しかし、実際に選挙権年齢を引き下げるためには、議員への働きかけだけではなく、世論、特に当事者である若年世代の後押しや理解も重要となる。

　そこで Rights は、2001 年夏に、街頭遊説をしたり、訪問先の同世代と意見交換などを行う全国キャラバンを実施した。しかし、同世代だから理解があるかというとそうでもなく、「20 代の投票率は低いのだから、むしろ選挙権年齢を 25 歳とか 30 歳に引き上げるべきだ」と言われることもあった。そうした声を聞くにつれて、「むしろ、選挙権を得る前の段階から、選挙や政治について身近なモノとして学ぶ機会が必要ではないか」と感じ、有権者ではない 19 歳以下が実際の選挙時に候補者を選ぶ「19 歳以下が有権者！　町田市長選挙ユースもぎ投票」が 2002 年 2 月に、「多摩市長選挙ユースもぎ投票」が 2002 年 4 月に実施され、「未成年模擬選挙」を通じた政治教育の取り組みが、国内

写真2-1　2016年参議院選挙のときの模擬投票前の学習（東京都立高島高校）（筆者撮影）

でも始まった。[2)]

　その後、模擬選挙は、2003年の総選挙からは、すべての国政選挙で行われるようになり、地方選挙も含め、これまでに6万人を超える未来の有権者が参加・投票している。当初は“生の政治”を扱うことに対し、学校現場や教育委員会は否定的であったが、理解ある教員に働きかけるとともに、メディア取材での理解促進、文科省審議官や都道府県教育委員会による公立高校での模擬選挙の視察の実施など、模擬選挙が主権者教育や若者の政治意識醸成につながっていることを理解してもらえるように、働きかけが行われた。そして、18歳選挙権を機に、総務省・文科省が作成し、筆者も作成に協力した『私たちが拓く日本の未来』に実践事例として取り上げられたこともあり、全国的に取り組むことができるようになった。

　また、Rights は、19歳以下を対象にした国会議員ユースインターンシップを2002年3月に1泊2日の日程で実施した。前述した議員インターシップの参加者は、大学生以上を対象にしている。確かに、選挙権を得る20歳を迎える大学生が議員インターンシップに参加することは、政治への理解を高めるためには大事なことであるが、政治について考え議論するのは、有権者となる前の子ども時代から行われて当然のことである。そこで、小学校6年生の社会科で憲法を学び、中学校では公民的分野、高校では政治・経済や現代社会といった科目を学ぶことから中高生世代を対象にした「国会議員ユースインターンシップ」を実施した。ユースインターンシップには、兵庫・福島・愛知など全

2)　未成年模擬選挙は、当初、NPO法人 Rights が普及・推進に取り組んできたが、Rights の中心メンバーが公職選挙に立候補・議員となることが複数起きた。模擬選挙とはいえ「公正・中立・平等」が求められる選挙に関する事業に、特定の政党・政治家のカラーがつくことで、未成年模擬選挙そのものが誤解をうけることを避けるために、2006年12月に、模擬選挙事業を Rights から切り離し、模擬選挙推進ネットワークが創設された（ウェブサイト参照。http://www.mogisenkyo.com）。

国1都6県から12歳から19歳までの計19人が参加し、2人1組で、超党派の国会議員事務所にお世話になった。

6. 18歳選挙権実現に向けた取り組み

Rights は、選挙権年齢引き下げに向けて、議員へのロビーイングだけではなく、大学教員や新聞記者などをゲストに迎えた若者向けのセミナーを定期的に開催するなどして、理解促進に取り組んだ。

2002年11月には Rights フォーラム・国際シンポジウム『子ども・若者の意思決定過程への参加を考える〜各国のとりくみの成果と課題から〜』を開催した。この国際シンポジウムには、ドイツで選挙権年齢の年齢制限全廃を求めて活動している10代の団体「クレッツァー」のメンバー、スウェーデン・ヤコブスベルク市の20歳の市議会議員、南オーストラリア州の10代、20代で構成する審議会ユースプラス（州大臣に対して発言権を持つ公的機関）の代表を

ゲストに招き、海外の取り組みの共有と課題について議論を行った。

そして、2005年6月には構造改革特区第七次提案で「選挙権・被選挙権年齢引き下げ特区」提案を行ったほか（その後も何度か、特区提案を行っている）、スウェーデン、イギリス、ドイツの若者参加・政治教育の現状の視察などに取り組んできた。

写真 2-2　2016年アメリカ大統領選挙での模擬選挙（中学生）（筆者撮影）

7. ネット選挙運動解禁の流れ

また、18歳選挙権の実現に先立つ2013年4月からは、インターネットを利用した選挙運動が可能となる公職選挙法改正が行われた。これまでは、選挙期間中は、候補者がウェブサイトを更新したり、ネットを使って投票依頼を呼びかけることはできなかったが、それらが可能になった。

具体的には、ホームページ、ブログ、SNS（ツイッター、フェイスブック等）、

動画共有サービス（ユーチューブ、ニコニコ動画等）、動画中継サイト（ユースト
リーム、ニコニコ動画の生放送等）等の、電子メールを利用する方法を除いた
ツールでの選挙運動が可能になった。そして選挙運動ができる 20 歳以上（当
時。2016 年 6 月 19 日以降は 18 歳以上）は、ツイッターやフェイスブックなどを
通じて、自分が支持する候補者や政党について書き込むことができるように
なった。

　インターネット黎明期は、登録している会員だけが参加できるフォーラムと
呼ばれるページでの会話が主だったが、2002 年以降、ブログが普及し始め、
ホームページの作成が誰でも簡単に行えるようになった。そしてユーチューブ
やユーストリームが普及し、2008 年ごろからはツイッターが急速に広まった。
さらに、2011 年 3 月の東日本大震災を契機に、ツイッターやフェイスブック
が日常生活に入りこむようになった。

　そうしたなか、2012 年 3 月、インターネット選挙運動解禁を求める「One
Voice Campaign」プロジェクトがスタートした。このプロジェクトには、IT
企業、広告代理店、研究者、ライターなど幅広い人材が集まり、ロビーイング
を始めた。当初、ネット選挙運動に対しては「誹謗中傷であふれる」「資金力
のある政党・候補者に有利」と言われ、「若者が利用するだけで、高齢者は利
用しない」などというように、議員からは見向きもされなかったが、2012 年
の東京都知事選挙、総選挙などで一般市民がウェブを活用した情報発信を行っ
たことで、活用しだいで効果があるということを政治家は感じた。ネット選挙
運動解禁によって若者に政治・政策を伝えることの必要性を感じた議員も多
く、18 歳選挙権の実現につながっていった。

8. 若者の政治参加へ

　また実際の選挙においては、前述した公開討論会や議員インターンシップに
かかわらず大学生世代が増えることで、20 代の若者の立候補が相次ぐなど、
若者の政治意識も大きく変わってきた。若年層の投票率の向上を目指す「学生
団体 i-vote」や「NPO 法人 YouthCreate」、10 代の政治関心の向上・拡大を目
指す「NPO 法人僕らの一歩が日本を変える。」、学生による政治啓発・政治教

育団体「Poteto」、若者と政治の"見える化"を目指す「Mielka」など、高校生や大学生といった、まさに18歳選挙権時代の当事者が中心となった団体が立ち上がり、活動を始めている。

　これらの団体は、特定の政党に与することなく、まさに超党派で活動しており、であるからこそ自民党、民主党、維新の会、公明党、共産党、社民党といった超党派の国会議員も手弁当で参加し、高校生100人との意見交換であったり、高校生の議員インターンシップ受け入れ先になっている。そしてまた、解散した「SEALDs」に代表される安保反対という政策を掲げた活動にシンパシーを感じた高校生による「T-ns Soul（ティーンズ・ソウル）」という団体が結成されるなど、政治活動に関して10代の若者たちが声を上げ始めている。

　もちろん、こうした活動に、全国各地すべての10代が参加・賛同しているわけではなく、冷ややかな目で見ている10代もいる。また、活動している10代の中でも、特定の政治課題に深入りする同世代の活動に不安を抱いている方もいる。有権者ではなくとも主権者である子どもが、まさに当事者として、権利主体として社会に参加することは、民主主義社会において健全である。こうした社会への参加が"主権者とは何か""権利行使に伴う責任とは何か""意見が異なるときはどのように主張をしたらいいのか（折り合えばいいのか）"ということを考える機会となる。

　いずれにせよ動かなければ何も変わらない。若者世代が動くことで社会への共感を生み出し、18歳選挙が実現したと言えよう。

第③章　18 歳選挙権と主権者教育

林　大介

第 3 章のポイント

1. 初の 18 歳選挙権による国政選挙（参院選）の 18 - 19 歳の投票率は 20 〜 30 代よりも高かったが、その理由は何かを考える。
2. そもそも「主権者教育」「シティズンシップ教育」とは何か。期待されることと現実の比較を通して、これからのあり方について考察する。
3. 学校以外で取り組む「主権者教育」「シティズンシップ教育」について、その可能性を検討する。

1. 18 歳選挙権・最初の選挙

「ただでさえ 20 代の低投票率の中、選挙権年齢を引き下げても投票に行かない」「今の 10 〜 20 代は政治に関心がないし話さない」「そもそも中高生は政治に興味がない」という声がよく聞かれる。そうした中、70 年ぶりの公職選挙における投票権の拡大となった「18 歳選挙権時代」が、2016 年 6 月から始まり、選挙権年齢が 18 歳に引き下げられて初めての国政選挙として第 24 回参議院議員通常選挙（2016 年 7 月 10 日）が執り行われた。

これまでは「20 歳以上」に選挙権があったため、多くは大学 3 年生に進学してから初投票をすることになるが、「18 歳選挙権」ということは、大学に入学した時点ですでに有権者、ということになる。総務省が発表した参院選における 18 - 19 歳の投票率（抽出調査）は、18 歳 51.17％、19 歳 39.66％、平均 45.45％であった（表 3 - 1　18 - 19 歳については上段の数字）。これは全有権者平均の 54.70％よりも 9.25 ポイント低かった。このことから、「18 歳 51.17％ 19 歳 39.66％　投票率、全体を下回る　参院選」（朝日新聞 2016 年 7 月 12 日付け）というような見出しに代表されるように、18 - 19 歳の投票率について否定的

表3-1　第24回参議院議員通常選挙の投票率（総務省公表資料から筆者作成）　単位：%

	18歳	19歳	18歳+19歳	20代	30代	40代	50代	60代	70代	80代以上	合計
全国	51.17 (51.28)	39.66 (42.3)	45.45 (46.78)	35.6	44.24	52.64	63.25	70.07	72.07	47.16	56.08 (54.7)

※カッコ内は全数調査（18-19歳および全数投票率のみ）。
※抽出調査は、全国4万7,905投票区の中から標準的な投票率を示す投票区を各都道府県の市区町村から188投票区（47都道府県×4投票区）を抽出し、その年齢別投票区（選挙区）の平均的傾向を求めたものである。そのため、「全数調査」の投票率とは誤差が生じる場合がある。
※全有権者の投票率および18-19歳の抽出調査は2016年7月11日、18-19歳の投票者数（全数調査）および全年齢の年齢別投票者数（抽出調査）は2016年9月9日、にそれぞれ総務省が公表。

な論調が見受けられた。

　しかし表からも分かるように、18－19歳の投票率は20代（35.6%）、30代（44.24%）の投票率よりも高かった。今回の参院選における投票率は戦後4番目の低さだったが、20代、30代よりも高かった18－19歳の投票が、投票率全体の向上に寄与したとも言える。

　さらに、京都府教育委員会が新有権者約3,200人を対象に実施したアンケートでは、高校3年生相当の投票率は73.4%で、18歳（51.12%）、19歳（42.78%）、全体（51.16%）よりも高い結果となっている。[1] 静岡県では高校3年生相当の投票率は81.3%（18歳：48.70%、19歳：37.15%、全体：55.76%）、福井県での高校3年生相当の投票率は70.73%（18歳：48.10%、19歳：36.24%、全体：56.50%）というように、他の自治体でも高校3年生相当の投票率は、18歳の投票率のよりも高くなっている。

　つまり、18－19歳世代に注目が集まり報道されたこと、多くの高校では3年生で「政治・経済」を学んでおり授業を通じた教員による投票へのよびかけが功を奏した、ということが言えよう。

---

1)　総務省「主権者教育の推進に関する有識者会議（第1回）」配布資料「資料1　参議院議員通常選挙（選挙区）における投票率の推移及び年齢別投票率」より。http://www.soumu.go.jp/main_sosiki/kenkyu/syukensha_kyoiku/index_00001.html（アクセス日：2018年1月18日）。

2. 18歳よりも低かった19歳の投票率

　一方で、19歳の投票率は18歳よりも8.98%低く、高校卒業後の就職や進学によって、①住民票を地元に残したまま引っ越した、②「政治・経済」を学ぶ機会が減った、の二つの理由を挙げることができる。高校卒業後の就職や進学によって地元を離れた際、住民票を地元に残したままにしたために投票へのハードルが高くなったから、ということである。引っ越し先の居住地に住民票を移すことは法律で定められているが、住民票を移すとそれまで過ごした自治体から成人式の案内が届かなくなる、といった住民票を移すことへの心理的抵抗感もあり、住民票を移さない方が多い。住民票を移していない場合は不在者投票制度を活用することもできるが、そのためには事前の届け出が必要であり手間がかかる。そもそも "初めての選挙" のときにこうした手間がかかると、投票に行くことへのハードルが上がってしまう。

　実家から住民票を移していない大学・大学院生は63.3%に上るとのデータがある[2]。また、住民票を移動してもすぐに投票できるようにならず、選挙人名簿に登録されるためには3カ月の居住が求められるため、年度末・年度初めで引っ越しをしても、今回の参院選における選挙人登録に間に合わなかった事例も多々あった[3]。

　そもそも高校卒業後に就職先や進学先（大学、短大、専門学校等）などで「政治・経済」を学ぶ機会はほとんどない。もちろん、就職先で加入した労働組合の活動を通して、より一層政治や経済を身近に感じることもないわけではないし、法学部や社会学部など「政治・経済」を学ぶ学部に進学している場合もあろう。あるいは、昨今問題化しているいわゆる "ブラックバイト" "奨学金の返済" など、自分自身の生活に直接関わる課題を通じて社会問題を意識することもありえる。とはいえ多くの学生は、本人がよほど自覚的に政治・経済に関

2)　公益財団法人明るい選挙推進協会「第47回衆議院議員総選挙全国意識調査」調査結果の概要 http://www.akaruisenkyo.or.jp/wp/wp-content/uploads/2011/10/47syuishikicyosa-1.pdf（アクセス日：2018年1月18日）。

3)　18歳よりも19歳の投票率が低かったことをうけて、自民党は不在者投票の簡素化を図ることを検討している（産経新聞、2016年8月22日付け）。

する科目を履修しない限り、直接的に学ぶ機会はなくなってしまう。何より投票を直接呼びかける機会は、クラス担任がいる高校の18歳と比べると、19歳や20歳前半は大きく減るのは当然である（前述したように、同じ「18歳」でも、「高校3年生相当の18歳」の投票率が高いことからもうかがえる）。

18-19歳さらには20歳前半への投票呼びかけにおいては、大学生世代への働きかけがこれまで以上に必要となることから、文部科学省高等局は大学等に対して選挙啓発を促す通知を発出し、複数の大学では学内で啓発事業や18歳選挙権に関する講義を行った。[4] しかしこれらの取り組みは、まだまだ数える程度であり、全国的に広まっているとは言えない。

19歳よりも18歳の投票率が高かったことを考えると、有権者となる18歳になるまでに、選挙や政治、あるいは身近な社会問題について関心を抱き、政治を自分事としてとらえる機会があれば、選挙に行くことへの意欲も高まると言える。そして、多くの高校で投票呼びかけがされた結果として18歳の投票率が高かったことを踏まえると、18-19歳さらには20歳前半への投票呼びかけにおいては、大学生世代への働きかけがこれまで以上に必要となろう。

3. 「主権者教育」「シティズンシップ教育」とは

そもそも「今の政治状況をつくった大人は、これまで、どんな判断をしてきたのか」「大人は、どんな政治教育を受けてきたのか」「大人は政治のことを何でも理解できているのか」「投票に行かない大人がいるが、大人はみな政治に関心があるのか」。「若者の政治離れ」を嘆くのであれば、それこそ大人自身が範を示すべきで、大人の背中を見て子どもは育つのは言うまでもない。

18歳未満の子どもは確かに有権者ではないが、市民であり、主権者である。権利主体である子どもたちは、今を生き、これからの時代を生きていく世代であり、自分たちが社会の担い手なのだということを意識し、社会の中で生きて

---

4)　大学での啓発活動においては、例えば筆者が勤務していた東洋大学でも、文部科学省高等局からの要請をうけて「公職選挙法等の一部改正に伴う特別講演会」を実施した（https://www.toyo.ac.jp/site/news/106750.html［アクセス日：2018年1月18日］）ほか、他大学でも学内で投票の呼びかけの実施などが取り組まれた。

いくことを体感し続けることが大事になる。だからこそ学校教育をはじめ、家庭や地域社会の中でどのように「シティズンシップ教育」「主権者教育」「政治教育」に取り組むべきなのかが課題となる。

そうした中、求められている"シティズンシップ教育"の概念は、「市民性教育」「市民教育」「公民教育」などさまざまな類義語が存在するように、人によってとらえ方が異なっている。これらの表現は、「社会に積極的に参加し、責任と良識ある市民を育てるための教育」とするイギリスの Citizenship Education に由来するところが多い[5]。

2006年に経済産業省が公表した『シティズンシップ教育と経済社会での人々の活躍についての研究会報告書』[6]では、シティズンシップ教育を、「市民一人ひとりが、社会の一員として、地域や社会での課題を見つけ、その解決やサービス提供に関する企画・検討、決定、実施、評価の過程に関わることによって、急速に変革する社会の中でも、自分を守ると同時に他者との適切な関係を築き、職に就いて豊かな生活を送り、個性を発揮し、自己実現を行い、さらによりよい社会づくりに関わるために必要な能力を身につけるための教育」と説明している。

シティズンシップ教育に早くから取り組んできた神奈川県教育委員会は、「積極的に社会参加するための能力と態度を育成する実践的な教育」とし、2014年6月に閣議決定された『平成26年版　子ども・若者白書』[7]では、「社会の一員として自立し、権利と義務の行使により、社会に積極的に関わろうとする態度を身に付けるため、社会形成・社会参加に関する教育」をシティズンシップ教育としている。

しかしこうした教育について教育行政を担う文部科学省は「シティズンシッ

---

5)　大久保正弘（2012）「わが国における Citizenship Education の導入の可能性について―英国の事例との比較分析から」長沼豊／大久保正弘編『社会を変える教育　Citizenship Education―英国のシティズンシップ教育とクリック・レポートから』キーステージ21、63頁。

6)　経済産業省『シティズンシップ教育と経済社会での人々の活躍についての研究会報告書』http://warp.da.ndl.go.jp/info:ndljp/pid/286890/www.meti.go.jp/press/20060330003/20060330003.html（アクセス日：2018年1月18日）。

7)　『平成26年版　子ども・若者白書』http://www8.cao.go.jp/youth/whitepaper/h26honpen/index.html（アクセス日：2018年1月18日）。

プ教育」という名称は使用せずに「政治的教養を育む教育」とし、総務省は「主権者教育」としている。いわゆる「公民教育」や「政治教育」とも重なる部分があるものの同一とは言えない。

　筆者はこれらを踏まえ、旧来からの学校教育（特に、社会科系の科目）だけで取り組まれている「公民教育」や「主権者教育」といった狭い概念ではなく、教科の枠を超えて取り組まれている教育という現状を踏まえ、「「市民」としてのあり方を深めるための教育活動」を総称して「シティズンシップ教育」ととらえ、「シティズンシップ教育」の中で「政治的な内容」を扱う場合を「政治教育」と位置づけている。

　なおドイツでは、ナチス独裁を許した悲惨な経験を踏まえ、政治をよく知り、政治に積極的に参加するための教育としての政治教育に力を入れており、1952年に設立した国の管轄する連邦政治教育センターが中心となってプログラムを提供している。また、スウェーデンは、シティ

写真3-1　2017年連邦議会議員選挙立候補者と小学生との討論会（ドイツ）（筆者撮影）

ズンシップ教育とはいわずに「民主主義教育」と表現しているが、スウェーデンでは1960年代頃より民間団体の取り組みとして実施されていた実際の選挙を題材とした模擬選挙（「学校選挙（Skolval)」と呼ばれている）に1990年代後半から国が関与するようになり、現在は国家予算を投じて実施している。

4.　教育現場に求められること

　18歳選挙権実現を踏まえて文部科学省（以下、文科省）は、文科省初等中等教育局長「高等学校等における政治的教養の教育と高等学校等の生徒による政治的活動等について（通知）[8]」を2015年10月29日に発出した。

---

8)　文部科学省初等中等教育局長「高等学校等における政治的教養の教育と高等学校等の生徒による政治的活動等について（通知）」2015年10月29日発出　http://www.mext.go.jp/b_menu/hakusho/nc/1363082.htm（アクセス日：2018年1月18日）。

　この通知の中では、「主権者教育」「政治的教養を育む教育」のあり方について、次のように書かれている。「議会制民主主義など民主主義の意義、政策形成の仕組みや選挙の仕組みなどの政治や選挙の理解に加えて現実の具体的な事象も取り扱い、生徒が国民投票の投票権や選挙権を有する者として自らの判断で権利を行使することができるよう、具体的かつ実践的な指導を行うことが重要」。

　つまり、子ども時代から社会課題について考える機会を設け、「賢い有権者」「考える市民」を育てることが求められていると言える。

　そして、この通知に先立ち、文科省は総務省とともに、『私たちが拓く日本の未来―有権者として求められる力を身に付けるために』（以下、副教材）[9]と題した政治参加等のための学習教材を作成した。副教材は、国公私立すべての高校生に370万部配布され、その内容は、2020年度に設けられる予定の高校の新科目「公共」の内容の先取りとも言われている。

　この副教材では、以下の四つを「国家・社会の形成者として求められる力」として掲げている（図3-1）。

> ○ **論理的思考力（とりわけ根拠をもって主張し他者を説得する力）**
> 自分の意見を述べる際には根拠をもって説明することが重要であることを理解するとともに、異なる立場の意見がどのような根拠に基づいて主張されているかを検討し、議論を交わす力。
>
> ○ **現実社会の諸課題について多面的・多角的に考察し、公正に判断する力**
> 現実の社会においては様々な立場やいろいろな考え方があることについて理解し、それらの争点を知った上で現実社会の諸課題について公正に判断する力。
>
> ○ **現実社会の諸課題を見出し、協働的に追究し解決（合意形成・意思決定）する力**
> お互いに自分の考えや意見を出し合い、他者の考えや価値観を受け入れたり意見を交換したりしながら、問題の解決に協働して取り組む力。
>
> ○ **公共的な事柄に自ら参画しようとする意欲や態度**
> 大きな社会変化を迎える中で、日本人としての自覚をもって国際社会で主体的に生きること、持続可能な社会の実現を目指すなど、公共的な事柄に自ら参画していこうとする力。

図3-1「国家・社会の形成者として求められる力」
出所：総務省／文部科学省（2015）、30頁

---

9)　総務省／文部科学省（2015）『私たちが拓く日本の未来―有権者として求められる力を身に付けるために』http://www.mext.go.jp/a_menu/shotou/shukensha/1362349.htm（アクセス日：2018年1月18日）。

つまり、論理的・多面的・多角的に考え、課題を見出し、協働して解決し、社会に参画していくことが、「国家・社会の形成者として求められる力」として求められている。単なる知識だけであったり、あるいは憲法や安全保障、TPPといった大きなテーマについてのみ考えるのではなく、まずは自分の考えを掘り深め、自分事化することが大切なのである。

そして、副教材は、以下の三つのパートに分かれている。

・解説編：選挙の仕組みや年代別投票率などについて

・実践編：話し合い活動やディベートを中心に、模擬選挙や模擬議会、模擬請願など、実際の政治的事象を授業の中で取り上げ、社会課題について考え判断することについて

・参考編：選挙運動や政治活動のあり方などについて

また、副教材とともに作成された「教師用指導資料」においては、副教材を実際に授業で使用する際のポイントや指導上のねらい、評価のあり方、授業プラン（指導計画書）、保護者向けの案内文例といったものがまとめられている。

5.　政治を自分事としてとらえる機会

そもそも私たちは、教科書や教則本を読むだけで自転車に乗れるようになり、泳げるようになるわけではない。自動車を運転するにあたっても、交通ルールを覚えるだけではなく、まずは教習場で練習し、その後に路上教習を行う。つまり、18歳になったから突然有権者として判断できるようになるわけではない。それこそ就学前から主権者として主体的に考え、判断し、他者との関わりの中で自分なりの答えを模索し、選択し、行動していく機会を設けることが不可欠となる（そして、失敗する経験を重ねることも大事である）。

特に間接民主制の日本においては、私たちが直接政治的な意思決定ができる場面は少なく（住民投票や、憲法改正の国民投票などの機会はあるが、頻繁に行われるわけではない）、多くは私たちが選挙で選んだ代理人＝議員によって物事が決まっていく。つまり、社会におけるルールを決めるのは私たちが選んだ代理人である以上、その代理人をきちんと選ぶ基準や視点を持つことが大切となる。

副教材では「架空の選挙を扱う模擬選挙」と、「実際の選挙を扱う模擬選挙」

の2種類を取り上げているが、筆者自身は、2002年の町田市長選挙以降、「実際の選挙を扱う模擬選挙」の普及・推進に取り組んできた。この実際の選挙を扱う模擬選挙は、まさに「シティズンシップ教育」としてアメリカ、イギリス、スウェーデン、ドイツなどで毎回数十万～数百万人規模で行われている。これらの国では、1970年代からすでに18歳選挙権（さらには、イギリスやドイツ、オーストリアなどの州では、16歳選挙権のところもある）となっており、前述したように学校教育を通じて政治教育に力をいれ、社会を担う市民育成に取り組んでいる。

　実際の選挙を扱う模擬選挙を行うと、中高生の「政治・選挙の関心」は大きく変化する。模擬選挙推進ネットワークが、2014年の総選挙時に行った模擬選挙に参加した中高生約1800人へのアンケート調査によると、「模擬選挙を行う前」は、関心がある（45.8%）よりも関心が無い（48.9%）割合のほうが高かったが、「模擬選挙を行った後」は、関心があるは30ポイント以上も高い76.4%で、逆に関心が無いは17.2%と大きく下がる。

　架空の政党・候補者に投票するだけの単なる「投票体験」ではなく、実際の選挙が題材だからこそ、さまざまなことを考え、自分の意思で一票を投じる。今までは「選挙カーがうるさい」「ポスターで街中の景観が汚くなる」というように他人事だった選挙が、「あの人、毎日駅前で話していたなぁ」「下校時にチラシをもらってみよう」というように、自分事に変わる。まさに、「実際の選挙を扱う模擬選挙」を通じて、前述した文科省局長通知にある「生徒が国民投票の投票権や選挙権を有する者として自らの判断で権利を行使することができる」ための場となっている。

6. 「答えの無い問い」を通して主権者意識が育まれる

　中学・高校では普段は政治について話したりすることがない教室において、生徒たちが社会の課題について議論する場を設けることは意味がある。もちろん、「指導に当たっては、教員は個人的な主義主張を述べることは避け、公正かつ中立な立場で指導する」「特定の見方や考え方に偏った取扱いにより、生徒が主体的に考え、判断することを妨げることのないよう留意する」（文科省

初中局長通知より）ことも大事である。大人が自分の主義主張を押し付けたり、自分の考えの正当性ばかりを主張するのは「中立的」ではないのは言うまでもない。

　重要なのは、「政治的中立性」だからといって「何も教えない」のではなく、「多様な考えや意見を紹介することを通して多角的に物事をとらえ考えを深化させる機会を創出する」ことである。メディア報道でもさまざまな立場の有識者の声を取り上げ、海外ではもっと異なる視点からの論点が提示されている。生徒一人ひとりも考えが異なるということに気づくことで、政治的課題について安心して話せるようになる。「政治的中立」というのは、その人の立場や職業、役割、年齢など、人によって異なる。むしろ、「多様かつ多角的」に物事を示すことを通して、子ども自身が自分の考えに深めていく機会を創り出すことが求められる。

　そもそも模擬選挙や模擬議会だけが主権者教育ではなく、選挙のときだけ考えればいいわけではない。大事なのは、日々の教育活動を通じて社会や地域で起こっている出来事について考え、調べ、話し合う機会を設けることである。教科教育においても、海外のできごとを英語の時間に学び、異なる立場の論説を国語で取り上げ、メディアリテラシーのあり方について考える。ビッグデータが注目されているなか、数学や理科でグラフを読み取り将来予測を計算する。消費者としての生き方やワークライフバランスについて家庭科で学ぶなど、各教科でも工夫次第で主権者意識を高めることは可能となる。社会が複雑化・多様化・グローバル化し、少子高齢化が進む中、知識を覚えるだけ、受験勉強だけで物事が解決できるわけではない。

7.　主権者を育てる取り組みの状況―実際の政治教育の状況

　文部科学省は「主権者教育（政治的教養の教育）実施状況調査」を、2016 年4 〜 5 月にかけて全国の国公私立高校などの全日制・定時制・通信制の延べ6407 校を対象に実施し、その結果を参院選に先立つ 2016 年 6 月に公表した。[10]

---

10)　文部科学省「主権者教育（政治的教養の教育）実施状況調査」 http://www.mext.go.jp/a_menu/sports/ikusei/1369165.htm（アクセス日：2018 年 1 月 18 日）。

その結果によると、2016年度の在校生に対する主権者教育の実施予定は、学年が進行にするにつれて実施割合は高まる（高1：90.8%、高2：92.3%、高3：96.4%）。しかし具体的な指導内容は、2015年度同様に「公職選挙法や選挙の具体的な仕組み」が高3で82.4%（高1：77.3%、高2：75.4%）と高い反面、実践的な取り組みである「現実の政治的事象についての話し合い活動」30.3%（高1：27.5%、高2：27.2%）、「模擬選挙等の実践的な学習活動」39.7%（高1：32.5%、高2：36.9%）というように、前年度から1割程度増えてはいるが低調となっている。また、実際の指導時間は、「2〜4時間」55.7%が一番多く、「1時間」19.7%、「5時間以上」10.2%となっている。

そして、総務省が行った「18歳選挙権に関する意識調査」（2016年12月公表）[11]によると、「平成27年度より高校生向け副教材『私たちが拓く日本の未来』が全国の高校生に配布されていますが、あなたは、高校生がより選挙や政治に関心を持つためには、何をすればよいと思いますか。当てはまるものを2つまで選んでください（複数回答）」という問いに対して、高校生は、「①学校で模擬選挙を体験する」23.1%、「②学校で選挙や政治に関するディベートや話合いを行う」16.8%、「③議員や政党の関係者に来てもらって政治の話を聞く」13.3%、「④学校や地域の課題等に関するディベートや話合いを行う」11.9%となり、「⑨学校で選挙管理委員会の職員などから選挙の話を聞く」は9.3%となっている。

文科省の調査が〈学校の教員＝教える側〉、総務省の調査が〈高校生＝学ぶ側〉を対象にしていることを踏まえると、教える側は「公職選挙法や選挙の具体的な仕組み」を重視するが、学ぶ側の高校生は「模擬選挙や政治に関するディベート・話し合い」を求めており、ミスマッチ状態となっているのが分かる。「公職選挙法や選挙の具体的な仕組み」については、選挙管理委員会などと連携する場合もあるが、それでもこれまでの「知識重視」と変わりはない。社会問題について考えたり調べたりし、生徒同士でディスカッションを行う機会や実践的な取り組みをいかに生み出すのかが学校現場のこれからの課題と言

---

11)　総務省「18歳選挙権に関する意識調査」 http://www.soumu.go.jp/menu_news/s-news/01gyosei15_02000153.html（アクセス日：2018年1月18日）。

える。

　そもそも中学校「公民的分野」の学習指導要領には「民主主義に関する理解を深めるとともに、国民主権を担う公民として必要な基礎的教養を培う」と書かれている。本来であれば義務教育を修了した時点で、公民としての基礎的教養が身についていなければならないのである。

8.　家庭、自治体、議会議員、マスコミ、それぞれが主権者教育を

　また、「学校任せ／学校に丸投げ」で主権者教育を行うのではなく、家庭や地域の中での多様な学びを通して、多くのモノの見方や考え方に触れることも大事である。地域の防犯・防災マップ作成、商店街の活性化、被災地における復興計画といった地域の課題について、大人だけではなく、その街で生活している市民である子ども自身も参加して考えることは市民意識を育てていくためにも大事なことである。そもそもこれらはすでに、小学校低学年の段階で取り組まれていることでもあり、子ども時代から、「地域の担い手」という意識を持つことが、それこそ主権者としての自覚と責任を意識することである。

　そもそも、「政治離れ」の元凶である議員自らも、政治の魅力、意義、必要性をきちんと発信すべきである。自分のことを棚にあげて学校を批判するのではなく、まずは、政治そのもののイメージを高めることが必要であり、むしろ政治家みずからが頭を下げて「市民である子どもの意見を伺いたいので、学校で政治について話す機会を設けさせていただけないか」と頼むべきであろう。未来の有権者にとって政治家は身近ではない中、市民である子どもとの意見交換を議会として取り組むべきなのである。だからこそ、地方議会が中学生や高校生と意見交換を行うことが、最近は増えてきている[12]。

　住民であり、市民であり、主権者である未来の有権者に対して、一人の人間として子ども時代から地域づくり、社会づくりに関わることが、市民性の意識を醸成することにつながる。子ども・若者の力をまちづくりに活かすことは、

---

12)　地方議会における中学生、高校生との意見交換については、岐阜県可児市議会、長野県松本市議会をはじめ、特に地方の市町村での取り組みが活発である。詳しくは、拙著（2016）『「18 歳選挙権」で社会はどう変わるか』（集英社新書）参考のこと。

民主主義を実践することとなる。まさに、「地方自治は民主主義の学校」（J・ブライス）なのである。[13]

9．公職選挙法と政治教育・主権者教育

　なお、学校で政治教育・主権者教育に取り組むにあたり、公職選挙法を無視することはできない。例えば以下のことは、「公職選挙法（公選法）違反のおそれがある」と指摘されている。

・例1：18歳未満の生徒が候補者になりかわって演説を行ったり、ディベートを行うこと
　　→公選法137条2「年齢満十八年未満の者の選挙運動の禁止」によって、18歳未満の選挙運動は禁じられている。たとえ調べた内容の発表だけでも、候補者や政党の政策を多くの聴衆に伝えることは“選挙運動”とみなされるおそれがある。

・例2：教師が政党のマニフェストを入手し、生徒に見せること
　　→公選法142条「文書図画の頒布」において、マニフェスト等を配布できる場所が定められている。

・例3：公立学校の教師が政党のポスターを入手し、教室内に掲示し、選挙についての授業を行うこと
　　→公選法143条「文書図画の掲示」によって、ポスター等を掲示できる場所が定められている。特に公共施設内への掲示は禁じられているため、選挙期間中に公立の学校内に政党ポスターを掲示することはできない。

・例4：選挙期間中に、候補者や政党関係者を学校に招いて演説会を行うこと
　　→公選法164条3「他の演説会の禁止」によって、選挙期間中の演説会は候補者および届け出政党以外は実施することができない。

　実際の選挙を題材にした模擬選挙を実施する際、生徒が政党マニフェストを入手して学校に持参するのは問題ないが、教師が集めて生徒に配布すること

13）　ジェームズ・ブライス著、松山武訳（1950）『近代民主政治』岩波文庫。

（集めたものを“見せる”程度であれば問題ないらしいが）が公選法の違反行為に抵触するおそれがあるとなると、各政党の政策について授業内で議論することにおのずと限界が生じてしまう。

　これまで実践的な政治教育・主権者教育に取り組むことができていなかった学校現場は、“生の政治”を取り扱うことについてそもそも慎重になっている。学校現場が公選法を意識するあまりに、前述したような「授業内では政党名はおろか政策について一切説明しない」といった、本末転倒な取り組みが行われている。今後は、公選法の規定を「学校教育の範囲においては除外」できるようにしたり、さらには公選法の規定を改定すること、などが必要となる。

10.　今後に向けて

　しかし、既得権益を甘受し、「寝た子」を覚ましたくない一定の大人層は、表では良いことを言っても、実際はこれまで同様に、自分たちだけがメリットを得るようにしているといっても過言ではない。学校現場においても愛媛県の「政治活動の届出制」に代表されるように、高校生をはじめとして子どもたちを管理しようとする勢力は健在で、学校自治である生徒会活動を活発化しようとする教員からの声はほとんど聞こえてこない。むしろ、高校生が主権者意識に目覚め、生徒会活動が活発化することを恐れている教員は多いのではないかと感じている。

　18歳が大人となり、市民となって社会に関わっていけるように、学校教育だけではなく、それこそ家庭や地域でも取り組むことが大事である。それは何も日本だけのことではなく、海外でも同様であり、だからこそシティズンシップ教育や民主主義教育に長年取り組んできている。そしてその結果として、スウェーデンでは投票率が80〜90％であったり、アメリカでは小学生でも自分の主張をきちんと言えるなど、あたりまえのこととなっている。子どもを市民にし、子どもを大人にしていくことを、これまで以上に私たち大人は真剣に取り組むべきときにきている。

第④章　18 歳成人と市民教育の進め方

藤原孝章

第 4 章のポイント

1. 持続可能な社会の創り手を育てるために、従来の社会科の公民教育（国民教育）では不十分であり、教科横断的な視点や学校教育のみならず広く社会とつながる視点が必要とされている。
2. グローバリゼーションと多文化化の浸透によって、子ども・若者（共同体成員）も「大人社会」（共同体）も、双方が変容し多様化しており、従来の国民教育モデルが通用しなくなっている。改めて市民とは誰か、市民になるとはどういうことか、が問われている。
3. 子ども・若者を大人にするために、市民教育は何を目指すべきなのか、市民教育のすすめ方が重要になっている。政治的教養とは何か、社会に対する多様な帰属意識をどうとらえるか、社会に関わる責任は何か、などの課題がある。

1．市民の定義

ブリタニカ国際大百科事典（小項目事典）によれば、市民は次のように定義されている。[1]

　今日では一般に、①ある国家、社会ならびに地域社会を構成する構成員（メンバー）を意味し、国家においては国民、市などの行政単位においてはその住民をさす。ただし本来の意味は多岐にわたり、②古代都市国家や中世都市においては政治経済的特権を保持した自由民をさした。近代社会では絶対王政や封建制における特権階級（王族、貴族、領主など）に対する③

---

1) 　ブリタニカ国際大百科事典 小項目事典（「コトバンク」https://kotobank.jp/word/ 市民 -75230）（アクセス日：2017 年 12 月 9 日）

産業資本家、商業資本家、知識人などの中間層を意味し、近代市民革命を支えた市民層をさした（第三身分など）。大衆社会である今日でも、④主体的に政治や社会に参加するという意味合いで使われる場合が多く、市民運動なども、近代の市民社会 における「市民」の意味合いが強い。（番号は引用者による）

　市民の定義として、①政治的概念としてのコミュニティの構成員、歴史的概念としての②古代、中世における都市自由民、③近代市民革命における資本家や市民層（ブルジョワ）、そして社会学的な概念として、④市民運動の主体となるようなアクティブな市民、といった多義的な意味が付与されていることが分かる。

　日本では、市民とは、上記の定義①に関連して、「京都市民」という呼称に見られるように、一定の行政（コミュニティ）の受益者・構成者（自治体の構成員）と同義で語られることが多い。これは、「村民」「町民」「県民」「都民」そして最大の団体である日本国家の「国民」と同じ意味を持つものである。

　一方、定義③や④と関連して、社会契約的な概念では、市民とは、市民社会の公的な地位や身分を示す主権者であり、市民権を有し、国家および市民社会において権利と義務を行使する主体とされる。ただし、日本では、歴史上、欧米の市民革命の経験がないために、この社会契約的概念が弱く、国家と社会は分離せず、一体化され、つねに国民もしくは公民という概念があてられている。教育基本法でも「良識ある公民」（第 14 条）とあり、選挙権の行使や社会参加や社会参画の主体としての市民とは「公民」を想定しているといえよう。

　他方、上記の定義④に関わって、日本では、この「公民」に対して、国家（公権力）と対峙する市民運動に代表されるように、抵抗や意思表示をするための運動や活動のコトバとして「市民」が使われることが多い。最近は「市民参加」のようにコミュニティデザインやまちづくりなどに関連して「活動する市民」としての意味が与えられることも多い。また、現在はあまり見受けられないが、社会主義的な言説においては、「市民」とは、上記の定義③に関連して、「資本家・ブルジョワ」の意味が付与され、「労働者・プロレタアリート」

と階級的に対峙するものとされた。

　このように、市民の定義は多様であるが、本論では、シティズンシップ教育もしくは市民教育における市民とは、「権利と義務を持ったコミュニティ（共同体）の成員」と定義しておく。

2．個人主義と共和主義—市民の権利と義務

　市民の権利と義務の根底にあるのは、個人主義と共和主義（共同体主義）という二つの思想である。中学校や高等学校の社会科（公民科）の教科書で、自由権から社会権へ、もしくは、19世紀的人権から20世紀的人権へと説明がなされるものである。これは、1）18世紀に確立された私的所有権など個人的自由を表す市民的権利（civil rights）、2）19世紀に確立された選挙権や被選挙権などに代表される政治的権利（political rights）、3）20世紀に確立された福祉や最小限の安全や福利を請求する社会的権利（social rights）という、市民的権利に関する思想として、歴史的に個人重視の自由主義（liberalism）と国家・共同体重視の共和主義（communitarianism）の二つに大別されるものである。市民はこのような権利と引き換えに、兵役、納税、教育などの公共（共同体成員として）の義務を負っている。この二つの市民権の考え方は、個人と集団、自由と平等、私益と公益、個人の自由と公共の福祉といった、権利に関する論点や争点となり、民主主義社会の行方をめぐる議論や熟議の基本となっている。[3]

3．人権の普遍性と地球市民—最大の共同体とは？

　国際連合は国民国家の集合体である。しかしながら、安全保障をはじめ経済、社会、人権など多くの側面で、国民国家を超える組織体である。例えば、世界人権宣言とそれを具体化した国際人権規約（経済的、社会的及び文化的権利に関する国際規約＝社会権的規約／Ａ規約、市民的及び政治的権利に関する国際規約

2）　D. ヒーター著、田中俊郎／関根政美訳（2002）『市民権とは何か』岩波書店。

3）　マイケル・サンデルの一連の講義はこの二つの思想の対立とジレンマを紹介したもの。マイケル・サンデル著、NHK「ハーバード白熱教室」制作チーム／小林正弥／杉田晶子訳（2012）『ハーバード白熱教室講義録＋東大特別授業』上・下、ハヤカワ文庫。

＝自由権的規約／B規約）、難民、先住民族、女性、子ども、障害者など個々の人権に即した国際条約を作成している。これらの国際条約を批准した各国政府は、一般的に国内法の改廃を行い、国際条約にそった国内法を整備する義務がある。これらの諸権利は、国民国家を超えた越境的な共同体（国際連合もしくは国際社会）における市民の権利である。

　また、貧困や平和、環境問題など国境を越えた地球的な課題とその解決に向けたグローバルな取り組み、ヒト、モノ、カネ、情報の国境を越える移動と深まりを背景に、グローバルなコミュニティの形成や人類共通意識の涵養を目指すべきだという議論も高まっている。国連の専門機関の一つであるユネスコは、1974年「国際教育」勧告をはじめとして、平和の文化や国際教育、持続可能な開発のための教育（ESD）、地球市民教育（GCED）に関する提案を行い、ユネスコスクールなどを通してそのような理念の具現化への協力を各国に求めている。さらに、世界遺産条約を通して人類共通の文化や自然に関する遺産とその意義について世界に発信している[4]。ユネスコだけではなく国連開発計画（UNDP）など国連機関は、ミレニアム開発目標につづく持続可能な開発目標（SDGs）を設定し、次世代への責任も含めて、人類共通の課題とその解決を求めている[5]。

　こうした議論から登場したのがグローバル・シティズンシップもしくは地球市民である。グローバル・シティズンシップは、前記の定義①に応じて、地球社会を人類共同体とみなすもので、その構成員としての市民に対応するものといえる（写真4-1）。

写真4-1　埼玉県上尾市立東中学校「グローバルシティズンシップ科」の授業の様子（筆者撮影）

4）　日本国際理解教育学会編（2010）『グローバル時代の国際理解教育—実践と理論をつなぐ』明石書店、日本国際理解教育学会編（2015）『国際理解教育ハンドブック—グローバルシティズンシップを育む』明石書店。
5）　田中治彦／三宅隆史／湯本浩之編（2016）『SDGsと開発教育』学文社。

4．なぜ市民教育か①　国民教育から市民教育（シティズンシップ教育）へ

　なぜ、市民の権利義務の行使、社会参画・社会形成に関わる個人の資質や能力の育成に関する教育、すなわち、市民教育（シティズンシップ教育）が注目されているのだろうか。それは近代に成立した国民国家の成員（国民）＝市民のとらえ方が不都合になってきたからである。

　近代国民国家の公教育論では、「一国家・一民族・一言語」という「想像の共同体」（共同幻想）を前提にした教育が行われてきた。池野範男によれば、「自国史、母国語、自文化を教育の内容とし、義務教育という制度下で学校の教育内容と教科書を通じ、対象と内容を均一化させ、講義法という効率的な教育方法を通し、『国民』、『市民』を形成してきた。その教育を『近代教育』、『国民教育』、『民主主義教育』としてきた」[6]。

　確かに、日本の場合、戦後教育は民主主義社会の形成と日本国民の育成（ナショナリズム）がセットとなった国民教育論が前提となっていた。しかしながら、このような国民教育論の前提は、グローバリゼーションによる社会（地域や国家、集団）の多民族、多文化化、ボーダーレスな経済や社会の進展などによってほころび、「一国家・一民族・一言語」の幻想性が明らかになってきた。

　市民教育（シティズンシップ教育）は、国民教育論とセットの民主主義を再定義し、子どもや若者の「成人化」（市民になること）と結びつけ、政治的教養（主権者としての素養）、消費行動やボランティア活動などコミュニティとの関わりといった「新しい公共空間」の創造、および、社会形成・社会参画の主体形成と結びついた現代教育の思想として語られるようになった。若者や子どもを「親密圏」（私的空間）から公共圏（グローカルで多文化な公的空間）へと促す思想としての市民教育である。

　例えば、イギリスの市民教育では、親密圏と公共圏をつなぐために、つまりは、市民になるためには四つの柱が必要だといっている。それは、①政治的リ

---

6)　池野範男（2014）「グローバル時代のシティズンシップ教育―問題点と可能性：民主主義と公共の論理」日本教育学会『教育学研究』81（2）、138-149頁。

テラシー（Political literacy）、②社会的・道徳的責任（Social and moral responsibility）、③地域やより広い社会への参加・社会参画（Community involvement）、そして④アイデンティティと多様性（Identity and diversity）である（詳しくは後述）。四つの柱によって支えられる市民になるための資質（知識・技能・価値）があって、それらを身につけるために、テーマや課題をみつけ、自ら考え、探究し、クラスの友だちと、先生と、そして、地域の大人と話し合い、討論して、解決すべき問題があれば、解決をさぐっていくという学び方が必要だといっている。

5．なぜ市民教育か②　正統的周辺参加と大人社会（共同体）の課題

　私たちは、子どもが生まれてもすぐに親になれない。私たちが親になるためには、それ相応の学びや経験が必要である。子どもの成長とともに学びながら親になるように、私たちも市民になるための学びを積み重ねていく必要がある。それは、友人や家族などの間でつくられる親密な空間（親密圏）での「ふるまい」から、地域や学校、社会の中での生き方やくらし方などが関わり合う公共の空間（公共圏）での「ふるまい」へと架橋していくことでもある。このような「ふるまい」や学びのモデルになるのが大人社会（共同体）である。子ども・若者は、見よう見まねで大人社会のルールや慣習、ふるまい方を覚え、いくつかの通過儀礼をとおして大人社会（共同体）の一員になる。このような大人社会（共同体）への参加は「正統的周辺参加」[7]とよばれる。

　しかしながら、問題は、このモデルとなるべき大人社会（共同体）、すなわち、近代国民国家が前提にしてきた近代市民社会が変容していることである。

　例えば、日本における不登校やひきこもり、ニートやフリーターの増加は若者を受け入れる大人社会も従来のキャリア像、家族像を示せなくなったことの現れといえる。モノづくりが後退し生産や組み立て部門は海外に移転し、金融や情報、流通や福祉などの社会部門のサービス化が進行する。「正規・終身」といった工業社会に典型的な雇用（大人社会モデル）は変容し、「非正規・パートタイム」が増加している。モノづくり社会の典型であった「核家族・専業主

7）　J. レイヴ／E. ウェンガー著、佐伯胖訳（1993）『状況に埋め込まれた学習―正統的周辺参加』産業図書。

婦」といった家庭モデルも崩壊し、両働き、離婚、ひとり親、未婚などが増えている。かつてのように学校を卒業して工場（会社）で働く、結婚し子どもを産み、育てるという近代社会の「キャリアモデル」が描けなくなった。子ども・若者の側からみると、参入すべき社会が変容し、移行期の困難性があらわになり、正統的に周辺参加したくてもできなくなっている。

　個人を覆っていた階級、地域、家庭、すなわち、親密圏は変容し、個人はむき出しの形で社会と関わりを持つことを強制される。「リスク社会」と言われるポスト産業社会では公共圏と親密圏に境界はない。[8] だからこそ、自分事を探求し、身近な回路を公共化する道筋や学び、すなわち、リスクにさらされ、リ

写真 4-2　「世界がもし 100 人の村だったら」高校生のためのワンワールドフェスティバル（筆者撮影）

スクを引き受け、共有する社会（公共圏）への架橋が必要である。[9] 自己の成長とともに、参加すべき大人社会（共同体）の改変、公共を作り替えていく営為（持続可能な社会の形成）[10] が必要になっている、市民教育はこのような背景から生じているともいえる（写真 4-2）。

6．なぜ市民教育か③　市民性の変容と市民教育の落とし穴

　市民教育は万能ではない。それは「誰が市民か」という問いが常に社会には存在しているからである。背景には、変容する市民性がある。

　例えば、国籍や市民権である。国籍付与については、日本は血統主義を採用していて、両親のどちらかが日本人（日本国籍取得者）であれば、生まれてくる子どもには日本国籍が付与される。しかし、アメリカやイギリスなど多くの

8)　ウルリヒ・ベック著、伊藤登里訳（1998）『危険社会―新しい近代への道』法政大学出版局。

9)　藤原孝章（2011）「リスク社会と社会科公民教育―社会認識の課題と「社会に生きる」授業」日本社会科教育学会『社会科教育研究』No.113、29-40 頁。

10)　2017 年告示の新学習指導要領には、従来になかった「前文」がもうけられ、そこでは「持続可能な社会の創り手」の育成が掲げられている。

欧米諸国では、出生地主義を採用していて、その地で生まれた子どもは両親の国籍に関係なく、出生国（アメリカやイギリス）の国籍を付与される。日本では、数世代にわたって日本に住んでいる移民は、「帰化」を申請し、認められない限り、ずっと外国籍のままであるが、アメリカやイギリスでは、とっくにその国の市民権を持ち、国民としての権利義務が与えられる。日本と英米の学校や社会では、市民教育の前提が違っている。

市民性には、「法的地位を持った市民の権利と義務」という形式的な側面と、その国の社会の帰属意識やアイデンティティからすると、国民や市民であるのにもかかわらず、外国籍とされて「国民としての権利義務」を行使できない、という実質的な側面がある。本来、市民権とは当該社会に暮す人々が国家をつくり、市民としての権利義務が付与され、それらを行使するという契約行為の中で生まれてきた概念だと欧米諸国では考えられているが、日本ではまだこの市民性概念が広く浸透しているとはいいがたい。

ここで言いたいことは、欧米社会のモデル化ではなく（欧米でも移民一世は市民権の制限がある）、移民や外国人が増加し、ローカル、ナショナル、グローバルと公共圏（コミュニティ）が幾重にも重層化し、帰属意識やアイデンティティが多様化し、また、ボーダーレス化する現代社会において、市民性が変容し、常に「誰が市民か、市民とは誰か」というリフレクティブな問いを持たざるを得ないことなのだ。

7．なぜ市民教育か④　主権者ということば

主権者および主権者教育とて同様の落とし穴がある。18 歳選挙権にともなって政治教育の課題として模擬選挙などの「公民権の行使」の授業場面に出会うことが多いが、公民権を行使できるのは「日本国籍を持つ者」に限られるのであって（形式的な市民性）、教室の中にいる外国籍の生徒には適用されない。このことがわかってくると当事者の政治的参加への学習意欲に差が出てくる恐れがある（実質的な市民性）。

模擬選挙の利点は、自治体行政や国政の政策課題について政治的な教養を身につけ、政策判断を下し、意思決定するという社会参加意識、国民意識の醸成

が可能になるという点である。しかし選挙のルールを知るなかで、外国籍である生徒は、それまで伏せてきた自らの外国籍を意識化し、またクラスメートに明らかになり、気持ちとしての排除につながることも考えられる。国民の司法参加である裁判員裁判についても、同様に「国民」要件が課せられている。

このようなことを避けようとするならば、政治的参加（投票行為）や裁判員裁判が市民教育として主権者教育のすべてではなく、集会や言論の自由に関わる政治的意思表示も立派な市民教育であることにも配慮すべきである。帰化条件の緩和など国籍法の改正についても政治的リテラシーが及ぶようにし、論点になってもよい。

一方で、請願権は、日本国憲法では「国民」が主語ではなく「何人」が主語になっている。児童や生徒が主権者として、地域のさまざまな課題をアクション・リサーチして地方議会に請願することは国籍にかかわらずできることである。模擬投票よりも模擬請願やリアルな請願の方が主権者教育としてはよいかもしれない。

主権者教育がより具体的になるためには、政治的主権だけではなく、消費者主権の考え方も取り入れるべきである。消費行為は、社会的・倫理的責任をともなう社会参加行為である。グローバリゼーションが浸透し、消費税や付加価値税が高額になっている現代社会ではなおさら、消費者主権こそ、実質的な市民性を果たしていく点で重要である。

納税者の主権も重要である。国民の義務とされる納税についても日本に居住する外国人は所得税や住民税、消費税を納める。租税の使い方も学校の生徒会費になぞらえて議論ができる。アルバイトや社会に出て働く場合の、最低賃金や労働時間、雇用形態など主権者として取り上げるべき市民教育がたくさんある。

8．なぜ市民教育か⑤　多文化社会、格差社会における市民性の排除

移民や難民、外国人に対する市民権の制限、すなわち実質的な市民性の排除、すなわち、「誰が市民か」という問いへの応答の課題とともに、進行する格差社会にあっても、実質的に市民権が制限される人々がいる。それは、格差社会における貧困層に属する人々である。日本では今や3人に1人が非正規

雇用者である。若者にいたっては 2 人に 1 人ともいわれている。貧困とは、所得の格差だけではなく、居場所の喪失や無縁化、福祉からの排除などをともなう社会的関係性の喪失（もしくは剥奪）として現れてくることに注意すべきである。貧困は自己責任だとする考え方が支配的になると、富裕層からの冷たい視線や弱者や外国人を排斥するヘイトスピーチなどにもエスカレートしていく。ネットカフェで暮す人々やホームレスなど、住所を持たない人には、住民票がないために投票用紙も配達されない。日本国籍を持った人たちの中でも分断と排除が生じている。

9．市民教育のすすめ方①　三つの柱

　以上の議論から分かるように、市民教育とは、権利と義務を持つ社会（共同体）の成員を育てるための教育である。それは、親密圏から公共圏へ架橋することでもあった。そうして若者や子どもを「大人」にし、社会の成員としての帰属感やアイデンティティをも育てるのである。この場合の社会（共同体）とは、地域から国家、地球社会まで多様である。また、参加すべき社会が「正統的」でない場合、その社会を創り変えていく責任を学んでいくこともまた、市民教育である。例えば、イギリスで 2002 年から中等教育で新教科「シティズンシップ」が始まったとき、①政治的リテラシー、②社会的・道徳的責任、③社会参加・社会参画の三つが示された[11]。

① 政治的リテラシー

　政治的リテラシーとは、地域や国家、世界のことについての多様な課題解決のあり方について考えることであり、単なる制度や仕組みの知識理解がリテラシーではない。課題解決には利害の調整や権力の分配、支配・被支配などの政治的な関係、政治家の仕事も冷静にみていく必要がある。リテラシーは単なる教養でもない。ときには複雑で、解決が困難な社会や政治の課題について、論点を整理し、賛成や反対の立場にたって、立場を変えて、判断し、意思決定を

11）　長沼豊／大久保正弘編 (2012)『社会を変える教育 Citizenship Education─英国のシティズンシップ教育とクリック・レポートから』キー・ステージ 21。

していく「話し合い」（討論、議論、熟議）の経験値を高めていくことがリテラシーである。日本では、選挙権が18歳に引き下げられた。教育基本法では政治的教養の重要性を指摘しているが、それは知識の暗記にとどまるものであってはいけないことは以上のことからもあきらかである。

② 社会的・道徳的責任

　環境問題や原子力発電などのエネルギー問題では、専門家すら有効な働きを示すことができないのが、リスク社会といわれる今日の状況である。賛否が分かれてしまう専門知、事故が起きたとき想定外といってしまう専門知とはなんだろうか。「素人」である私たちのネットワークやリテラシーも重要な社会知である。環境やエネルギーというビッグイシューズだけではない。地域のまちづくりやスーパーやコンビニでのお買い物といったスモールイシューズでも、お役所や政治家の専門知にのみ任せることはできない。市民教育は、個人の権利の大切さのみならず、素人が地域や社会のことに責任を持って考えるようにすることである。

　また、公共圏の成員として、市民として責任を果たすために自己の振る舞いに対する責任、人や社会との関わりに対する責任も生まれてくる。これらは、道徳的責任といわれるもので、公正、正義、愛、奉仕、勇気、良心、共感、寛容、思いやり、忍耐、謙虚などの道徳的価値を身につけていくことも市民性である。

③ 社会参加・社会参画

　社会参加・社会参画とは、社会との関わりを通して市民になるということを示している。ただし、ここでいうコミュニティは、ローカルからナショナル、そしてグローバルまでの広い社会のことである。また、単純に空間的に同心円が拡大する社会ではなく、ローカルなことがナショナルなこと、グローバルなことに直接的につながってしまうような（逆も同じ）、グローバリゼーションが浸透する現代社会のことである（図4-1、4-2）。

　パーム油で揚げられたポテトチップスを食べることがマレーシアの熱帯林に

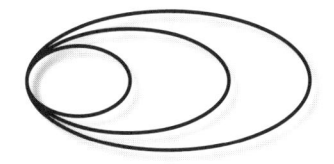

図4-1　同心円的拡大

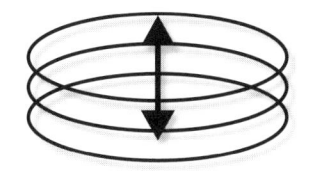

図4-2　重層的関係

負荷をあたえ、野生生物の生存を脅かしている問題など、まさに個人的に消費することさえグローバルな環境問題に参加・コミットしている典型的な事例である。その意味で消費の倫理性が問われている。逆にいえば、私たち素人でも、どの切り口からも、社会問題のその解決に社会的・道徳的責任を持って社会参加できる。

10.　市民教育のすすめ方②　多様で重層的な市民性という柱

イギリスで導入された新教科「シティズンシップ」は、その後、イギリスの多文化社会を反映していないのではないか、市民教育のねらいである社会の成員としての帰属感・アイデンティティの多様性が反映されていないのではないか、という議論がおこり、四つ目の柱が加えられた（アジェグボ・レポート[12]）。それが、④アイデンティティと多様性である。

④ アイデンティティと多様性

イギリスでは、移民やその子孫の文化的・民族的アイデンティティや多様性をどう包摂していくか、社会への帰属意識をどう高めていくか、社会の分裂、分断ではなく社会の結合をどのように図っていくかということは、市民になるための重要な柱とされている。

日本でも、観光客や労働者、移民としての外国人が今後増えることが予想されているが、すでに数世代にわたって暮らしている在日コリアンやもう30年以上も日本で暮らしている日系の外国人もいる。先住民族であるアイヌ、かつ

---

12)　北山夕華（2014）『英国のシティズンシップ教育─社会的包摂の試み』早稲田大学出版部。

写真 4-3　日本（浜松市）の中の外国人学校（筆者撮影）

ては独立王国であった沖縄（琉球）など歴史的、社会的にも多様な「ニッポン」をつくってきた。外国の事例ではなく、日本の問題としても、アイデンティティと多様性は市民教育の大切な柱である（写真 4-3）。

　2016 年にイギリスは、EU からの離脱を選択したが、新教科「シティズンシップ」では、ローカル（地域）、ナショナル（連合王国）、リージョナル（EU）、グローバル（国際社会）の四つの政治的空間におけるシティズンシップの育成を取り上げていた。イギリスは、開発教育やグルーバル教育の研究と実践の歴史が長く、グローバル・シティズンシップについては、単純な空間的拡大ではなく、「内への旅と外への旅」の往還といい、自己の拡大と縮小という考え方をして、世界をとらえてきた。[13] 筆者は市民教育の五つの目の柱として⑤グローバル性と重層性を加えておきたい。

⑤ グローバル性と重層性

　市民性は、一般的には図 4 - 1 のように「地域（自治体）」→「国家」→「国際社会（世界）」という同心円的に拡大する空間の延長上において理解されがちであるが、そうではない。「足元の国際化」や「グローカル」、それは地域も国家も世界も等身大でグローバリゼーションの中にある（図 4 - 2）。そこでは、地球・世界 ⇄ 国家 ⇄ 地域 ⇄ 自己がボーダーレスであり、グローバルとローカルな課題はつながるのである（第 5 章参照）。

　グローバルな空間では、グローバリゼーションがもたらすコミュニティに対する市民の帰属意識は、「地域社会・コミュニティィの住民としての市民」

13)　グラハム・パイク／ディヴィッド・セルビー著、中川喜代子監修、阿久澤麻理子訳（1997）『地球市民を育む学習』明石書店、藤原孝章（2016）『グローバル教育の内容編成に関する研究—グローバルシティズンシップの育成をめざして』風間書房。

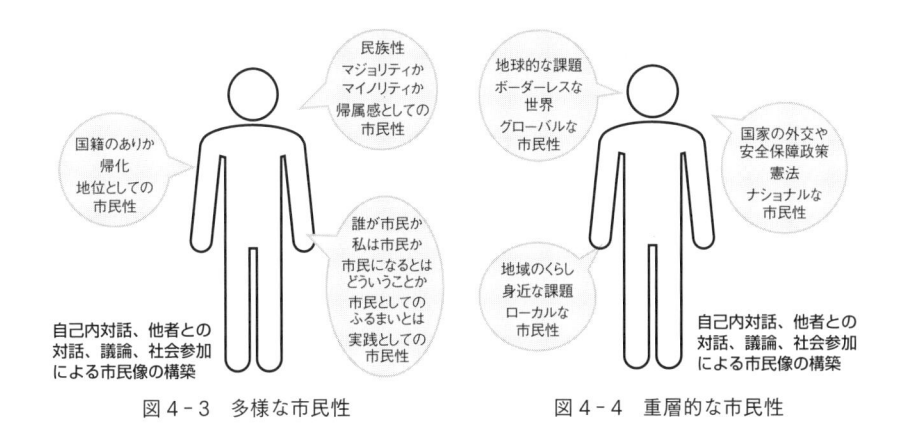

図4-3　多様な市民性　　　　　　　　図4-4　重層的な市民性

（ローカル・シティズンシップ）、「国民国家の主権者としての市民」（ナショナル・シティズンシップ）、そして「地球社会の構成員としての地球市民」（グローバル・シティズンシップ）という重層的なものとなっている[14]。このような文脈では、私たち一人ひとりの自己の中に、多様な市民性（図4-3）と重層的な市民性（図4-4）を抱えることになり、その中でのズレ、葛藤、対立、調整が自己や他者との〈対話・議論・熟議〉として重要となってくる。このような文脈では、私たち一人ひとりの自己の中に、多様な市民性（図4-3）と重層的な市民性（図4-4）を抱えることになり、その中でのズレ、葛藤、対立、調整が自己や他者との〈対話・議論・熟議〉として重要となってくる。

11.　市民教育のすすめ方③　変容する市民性

以上のようなシティズンシップのとらえ方の背景には、変容するシティズンシップが背景にある。A. オスラーと H. スターキーは、市民性（シティズンシップ）には、①地位、②感覚、③実践という三つの次元があると指摘している[15]。

①地位としてのシティズンシップは、国民国家の国民に与えられる法的な地位、権利であり義務である。国家は法や警察を通じて市民を守り、安全、法正

---

14)　注4、日本国際理解教育学会編（2010）。
15)　オードリー・オスラー／ヒュー・スターキー著、清田夏代／関芽訳（2009）『シティズンシップと教育—変容する世界と市民性』勁草書房。

義の制度、教育、保健、交通インフラなどの集合的な恩恵をもたらす。代わり
に市民は納税や兵役の義務を負う。

　②感覚としてのシティズンシップは、コミュニティへの帰属感である。形の
上では平等であっても、平等へのアクセスによって帰属感が異なり、疎外感を
感じる人々もいる。帰属の対象となるコミュニティも地方であったり、国家で
あったりする。市民としての帰属感は、社会の包摂性と排除感によって、ジェ
ンダーや民族性においても異なる。

　③実践としてのシティズンシップは、民主主義、人権に関連する実践の観点
から定義されるものである。実践としてのシティズンシップでは、人が自ら社
会に自由に参加し、政治的、社会的、文化的、経済的な目的で他者と結合しな
がら、他者との関係の中で生きている個人として認識される必要がある。

　A. オスラーと H. スターキーは、グローバリゼーションがコミュニティの多
層化、アイデンティの複合性をもたらし、現代におけるシティズンシップの変
容に対応する概念として、世界人権宣言に見られる人権の普遍性に根拠づけら
れたコスモポリタン・シティズンシップを提唱している。地位や身分としての
シティズンシップだけではなく、帰属感覚もしくは実践としてのシティズン
シップの観点から、地域・国家・地球を包含し、自由・平等・連帯を目指す市
民性をコスモポリタン・シティズンシップとするのである。

　表 4 - 1 は、変容するシティズシップに対応した市民教育の実践の意義と対
象、教材について、筆者なりにまとめてみたものである。

　①地位としてのシティズンシップの意義は、国籍保有者、市民権や公民権の
有資格者を育てるための教育であり、国民育成の装置としての市民教育であ
る。日本の主権者教育も多くはこの文脈の中にある。シンガポールなどのナ
ショナリズムを強調する市民教育もこれである。教材としては、あくまでも国
民国家の構成員とはだれかを問うような教材が適している。「日本代表とは？」
はすで開発された教材であるが、スポーツにおける代表の資格を問うものであ
る。[16]「日本人とは誰？」は、現在筆者が開発中で、日本人に相当する資格やア

---

16)　開発教育協会編 (2016)『18 歳選挙権と市民教育』所収。

表4-1　変容する市民性と市民教育（藤原作成）

	意義	対象	教材など
①地位としてのシティズンシップ	・国籍保有、国民としての資格・地位、選挙権の資格 ・ナショナリズム育成の装置としての市民教育	・政治的主権者 ・学校教育における児童生徒 ・社会の大人、納税者、兵士	・「日本代表とは？」 ・日本人とは誰？ ・模擬国連 ・世界のリーダーロールプレイ
②感覚としてのシティズンシップ	・「一国家・一民族・一言語」としての近代国民国家のアイデンティティの相対化 ・多文化・多言語、複文化・複言語のアイデンティティ育成の装置としての市民教育	・移民、難民 ・外国にルーツを持つ子ども ・マイノリティの子ども・若者 ・マジョリティの子ども・若者	・多文化ニッポン・日本でくらす身近な外国人 ・「ひょうたん島問題」
③実践としてのシティズンシップ	・自由、平等、人権の保障を前提とした民主主義、および、探究、批判的思考、討議・熟議を内包する民主主義に基づいた、社会参加・社会参画の装置としての市民教育 ・持続可能な社会の創り手を育てる装置としての市民教育	・移民、難民 ・外国にルーツを持つ子ども ・社会から逃避する個人（子ども・若者） ・貧困の中の子ども（子ども・若者） ・グローバル時代の消費者、納税者	・子ども・若者の居場所づくり、まちづくり ・フェアトレード、パーム油、エビなどグローバルな消費と身近なくらし ・「貿易ゲーム」 ・SDGs に関わる教材 ・「援助する前に考えよう」

※　「」のついた教材はすでに公刊されているもの。

イデンティティを問うものである。模擬国連は、NGO 代表者なども入っているが、基本的に主権国家の代表としての討論ゲームである。米・英・中・ロ・日など世界のリーダーに扮して国際問題について議論するロールプレイも同様である。

　②感覚としてのシティズンシップの意義は、「一国家・一民族・一言語」としての近代国民国家を相対化し、多文化・多言語、複文化・複言語のアイデンティティ育成の装置としての教育である。移民や難民、外国にルーツを持つ子

どもなどマイノリティに対しても、マジョリティに対しても有用である。教材としては、すでに筆者が開発した「ひょうたん島問題」がある[17]。また、「多文化ニッポン・日本でくらす身近な外国人」は、現在、筆者が開発中のものである。

　③実践としてのシティズンシップは、ある意味最も原理的でかつラディカルな市民教育である。民主主義は完成されたシステムというよりも、その社会の成員が、SDGs のキーワードである「誰も置き去りにしない」（誰もが関与し参画できる No one is left behind）社会を創りつづけるというプロセスだからである。その意味で、実践としてのシティズンシップには、アクティブ・ラーニングとしての熟議、討議、参加・参画が不可欠である。教材としては、子ども・若者の居場所づくりやまちづくりに関するもの、グローバリゼーションと身近なくらし（責任ある生産と消費）を問うフェアトレードやパーム油、エビを取り上げたものがある。さらには、地球規模の格差を問う「貿易ゲーム」、SDGsに関わる多様な教材、国際協力のあり方を問う「援助する前に考えよう」などがある[18]。また、成人教育においても、人口減少が予測される日本社会のコミュニティデザインの再構築に社会参加・参画をキーワードとするワークショップ（実践としてのシティズンシップ教育）が不可欠である[19]。

12.　おわりに―支え合う社会と市民教育

　市民教育はいま大きな岐路に立っている。欧米では、社会の中で育った（home grown）若者が、社会的排除の中で過激主義や宗教性に傾斜していく姿がある。このような傾向に対して、保守的な動きとして現れているのが、正義、愛、奉仕、勇気、良心、寛容、思いやり、忍耐、謙虚などコミュニティの成員としての人格や徳を重視する道徳教育としての市民教育である。他方、進歩的な動きとして現れているのが、公正、正義、平和、寛容、安全、包摂、多様性、持続性、自由、平等など普遍的な人権とその価値に重きを置く普遍的

---

17)　藤原孝章（2008）『シミュレーション教材「ひょうたん島問題」―多文化共生社会ニッポンの学習課題』明石書店。
18)　これらについては開発教育協会が優れた教材を開発している（ウェブサイト参照）。
19)　山崎亮（2016）『縮充する日本―「参加」が創り出す人口減少社会の希望』PHP 研究所。

で、コスモポリタンな市民教育である。

　双方ともに重なる価値がある。市民性が、個人の人格や国民（市民）としての品徳に向かうのか、多様なアイデンティティやグローバルな社会に向かうかの違いともいえる。どちらがいいかの議論ではなく、〈政治的リテラシー、社会的・道徳的責任、コミュニティへの参加、アイデンティティと多様性、グローバル性と重層性〉という五つの柱の一体性を見失わない市民教育こそが重要であり、「第三の道」ではないかと考える。なぜなら、五つの柱は個別にとらえられるのではなく一本の太いロープになる撚り糸（strand）であるからだ。

＊本論考は、開発教育協会編（2016）『18歳選挙権と市民教育ハンドブック』および世界人権問題研究センター編（2018）『考えたくなる人権教育キーコンセプト』で論じた、市民教育に関する記述（藤原執筆）を大幅に加筆修正したものである。

第 5 章　大人になるための市民教育

田中治彦

第 5 章のポイント

1. 現行の「公民教育」の問題点は何であろうか。18 歳成人時代の新しい市民教育のあり方を模索する。
2. 学校教育と社会教育における、市民教育の実際事例を検討する。
3. 18 歳成人に移行する際の課題として、高校における生徒指導、自立が困難な若者への支援、成人式のあり方、について議論する。

1．18 歳選挙権と市民教育の課題

(1) 現行の公民教育の問題点と新しい市民教育

　2016 年の参議院選挙から 18 歳以上の若者が投票権を得ることになったが、18 歳の多くは高等学校に 3 年生として在籍している。そのため、文部科学省は同年 10 月 29 日付けで「高等学校等における政治的教養の教育と高等学校等の生徒による政治的活動等について」を各都道府県教育委員会などに通知した。さらに、総務省とともに、主権者教育のハンドブックである『私たちが拓く日本の未来』をすべての高校に配布し、またネット上でも取得できるようにした。[1]

　これらは当面の緊急措置であるが、それでは 18 歳選挙権にあたり、日本でこれまで行われてきた公民教育にはどのような問題があり、今後はどのような政治教育・市民教育を展開することが望ましいのであろうか。現在の公民教育は、小学校の社会科に始まり、中学校の社会科（公民的分野）、そして高校の「政治経済」「現代社会」などの科目を中心に教えられている。しかしながら、

---

1) 総務省／文部科学省（2015）『私たちが拓く日本の未来—有権者として求められる力を身に付けるために』（生徒用副教材・教師用指導資料）。

それらの科目は受験科目であることもあり、知識中心であり、実践的な力が身についていないとの批判がある。倉見昇一は「憲法や政治に限って、中学校の社会科（公民）のある教科書を見ても、約180ページある本文のうち、70ページ余りをその内容に割いている」として、「内容面で不十分というよりも、授業の進め方（展開）にもっと工夫が必要なのではないか」と述べて、体験的な学習を充実させることを主張している[2]。

　新しい公民教育・市民教育はこれらの問題点を克服し、「実践的な市民力」をつけるような学習であるべきであろう。そこでは知識と技能と態度が同時に教えられ、個別具体的な課題にも対応できるような学習が求められる。藤原孝章は今後の日本におけるシティズンシップ教育として「社会的論争問題を主題とした「市民科」の授業を行っていくことが現実的である。その際、問題解決型、提案型、プロジェクト型、参加型といった「総合」でも有効である学習方法を採用する」ことを提言している[3]。

　今後に期待される市民教育、特に18歳を目前にした中学・高校段階での市民教育についていくつかの原則を考えてみよう。第一に、現在の中学、高校教育においては進学の問題、すなわち受験という関門があるために実際の社会とは切り離された知識中心の教育が行われている。一部キャリア教育では職場体験などが導入されているが、その他にも実際の地域や社会の人々とさまざまな場面で触れることができるような教育活動が求められる。その一例としてアクション・リサーチがある。実際に地域を回って、さまざまな人と出会い、その中から地域課題を発見し、その解決策を考え提言するような参加型で実際的な学習である[4]。

　図5-1はアクション・リサーチのプロセスを示したものである。リサーチ

2)　倉見昇一（2014）「憲法に関する教育等の充実」『Voters』21号、10頁。
3)　藤原孝章（2008）「日本におけるシティズンシップ教育の可能性—試行的実践の検証を通して」『同志社女子大学学術研究年報』No.59、96頁。
4)　Roger A. Hart (1977) *Children's Participation: The Theory and Practice of Involving Young Citizens in Community Development and Environmental Care*, London: Earthscan Publications Limited［ロジャー・ハート著、木下勇／田中治彦／南博文監修（2000）『子どもの参画—コミュニティづくりと身近な環境ケアへの参画のための理論と実際』萌文社］。

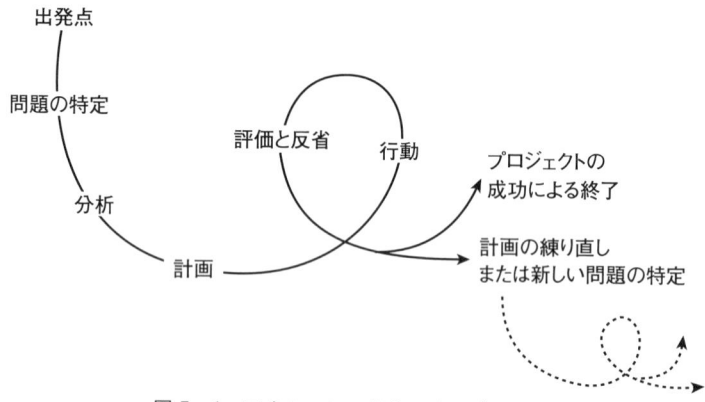

図5-1　アクション・リサーチのプロセス
出所：ハート（2000）、91頁

　の第一歩は、自分の地域を歩き回ることである。その中で「問題だと思うこと」「普段困っていること」「好きな場所」などを探す。次に、子どもたちが挙げてきたさまざまな問題の中から、自分たちで調べたい問題を特定する。その後に、その問題について文献で調べたり、地域の人にインタビューして問題の分析をする。そしてどうしたらその問題を解決できるか、についてプラン作りを行う。そのプランに沿って実際に行動を起こしてみる。行動してみて問題が解決すれば学習は終了である。解決しなければ、プランを練り直すか、新たな問題を設定してリサーチを続ける。従来の調べ学習と違う点は、その解決策を実際に関係先に提案して、実施を促すことである。これにより、社会参加の力（効力感）と意欲（大人社会との信頼）を高めることができる。

　このように書くと何か難しいことを子どもたちに求めているように思えるかもしれない。ハートの著書には図5-2のような事例が出てくる。子どもたちが学校の周囲を一回りして、次のような課題を発見した。「この道はローラースケートするのに良い道だ」「遊び場にガラスの破片が散乱している」「この道は車が多くて渡るのが危険」「この公園では麻薬が密売されている」「バスケットのコートがお兄ちゃんたちにいつも占領されている」「この広場はゴミを片付ければ遊び場として使える」。

　これらの問題の中にはすぐにでも解決できそうなもの（遊び場のガラス）、少

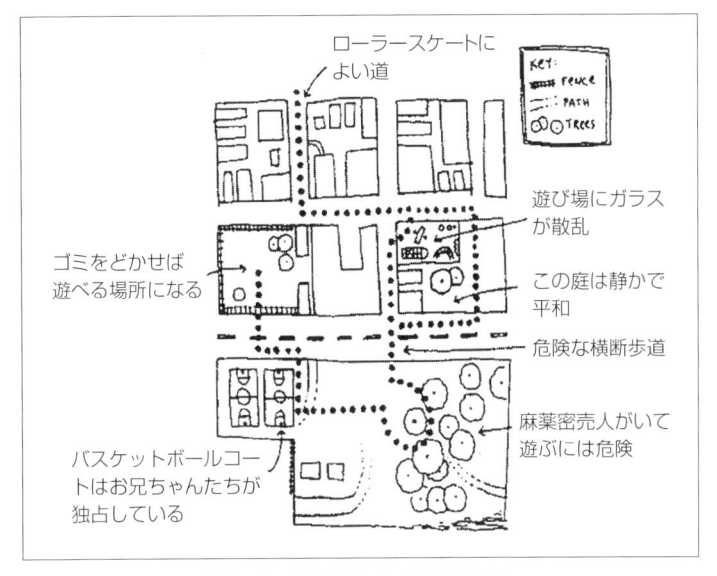

図5-2　観察路による問題の発見
出所：田中治彦（2008）『国際協力と開発教育』明石書店、174頁

　し努力すれば解決できるもの（バスケット・コートの使用法）、解決が困難なもの（麻薬の密売＝さすがアメリカ！）がある。ハートはこれらのうちから、子どもの成長発達に合わせて、子どもの力で解決可能な課題を特定して、その解決方法を考え実行することを提唱している。どんなに小さい問題であっても、地域の問題＝身の回りの問題を自分たちで解決できれば、それは子どもの「効力感」を高める。効力感とは、自分が言ったことややったことが、大人に聞き入れてもらえて、問題を解決できるのだという実感である。この反対語は「無力感」である。こうやって環境に働きかける子どもの力量と意識を高めて、社会に参加できる子どもを育てることが、アクション・リサーチのねらいである。

　　アクション・リサーチの応用として、2010年に開発教育カリキュラム研究会が発表した「ESD・開発教育カリキュラム」が参考になる（図5-3）。ここではまず「地域を掘り下げ、人とつながる」。その課程で課題を発見して、地域の人々の話を聞くなかで「歴史とつながる」。さらに、地域の課題と「世界とのつながり」を発見する。例えば、TPP（環太平洋パートナーシップ協定）の

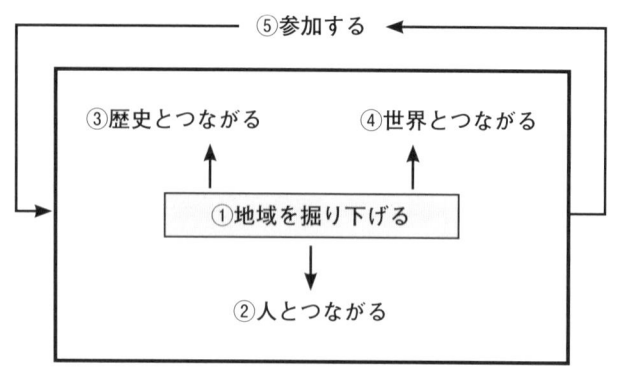

図5-3　ESD・開発教育カリキュラム

ように地域の地場産業や農業と自由貿易との関係を考えたり、あるいは地域に住む外国人と日本人との共生の問題を扱う。地域課題を分析した上で、最終的にはその解決策を考え、その解決に向けて参加する態度を養うようなカリキュラム・モデルである。地域課題や地球的な課題に参画するための市民力を養う市民教育ということができる[5]。

(2) 参加体験型の市民教育

　次に2008年のリーマン・ショックで若者の就職が急に厳しくなったように、現代社会に住む私たちはグローバリゼーションの波に否応なくさらされている。世界の経済や地球温暖化のようなグローバルな課題が自分たちとどのように関係しているのか、を把握できるような教育もまた必要である。参加型の学習としてESD（持続可能な開発のための教育）、グローバル教育、開発教育といった実践の中に多くのヒントがある。

　上智大学と開発教育協会は協同で、参加体験型の市民教育教材として2016年に『18歳選挙権と市民教育ハンドブック』を発刊した。同書は、以下のような特色を持っている[6]。

---

5)　開発教育協会内開発教育カリキュラム研究会編（2010）『開発教育で実践するESDカリキュラム』学文社、44-49頁。

6)　上智大学総合人間科学部（2016）『18歳選挙権と市民教育ハンドブック』上智大学総合人間科学

(1) 若者が 積極的に社会参加できるように知識、スキル、態度のバランスが とれた市民教育のプログラムを提案する。

(2) 社会や世界の出来事を「自分事」としてとらえることを目指して、参加 型の学びを採用する。

(3) グローバル化社会の中で、外国籍の子どもも含めた市民教育のあり方を 提案する。選挙権がある日本国籍の子どものみを対象とするのではなく、日本 人も外国人もともに日本の住民として、よりよい地域社会、日本、世界を築く ための市民教育を模索する。

(4) 民主主義の基本として、自分の意見を表明するとともに、他人の意見も 尊重することができる市民の育成を目指す。同時に、常に議論の場には権力関 係や個人の性格の違いがあり、発言できない「弱い」立場に置かれた人が必ず 存在する。「声なき声」に耳を傾け、多様な意見を引き出すための手法として 参加型ワークショップを活用する。

　具体的には、「個人と社会」「学校と参加」「地域の課題」「国と選挙」「グロー バル化社会」「メディア・リテラシー」の各章でそれぞれ三つの参加型ワーク ショップ教材が紹介されている。同書の中に掲載 されている参加型教材の一つである「世界がもし 100人の村だったら」を見てみよう。これは同名 のエッセイ集（マガジンハウス）を学校や地域で 使えるように開発教育協会が教材化したものであ る（資料1、191頁参照）[7]。

　100人村ワークショップでは、参加者に一枚ず つ「役割カード」が配られる。例えば、あるカー ドには「男であり、大人であり、アジアに住み、 言語はタイ語、あいさつはサワディ」というよう な情報が書かれている。全部で50枚のカードが あり、これらのカードは72億人いる2014年時

『ワークショップ版　世界がもし 100人の村だったら（第5版）』

点の世界の現実を反映している。最初に役割カードの言語に従ってお互いにあいさつする。同じあいさつの人で集まり、世界の言語の状況を実感する。次に、アフリカ、北アメリカなどの大陸別に集まり、それぞれを各大陸の面積を表すロープで囲う。例えばアジア地域は人口が多くて窮屈であり、オセアニアには人がいないという状況を体感する。

　さらに、世界の富（一人当たりの所得）に従って同じ人数ずつ5グループに分かれる。各グループは実際の世界の人口では14億人に相当する。それぞれのグループに富に応じてビスケット（合計100枚）が配られる。最も裕福なグループには74枚のビスケットが配分され、最も貧困なグループには1枚半のビスケットのみである。さらにこれらのビスケットを各グループで均等に分ける。10人で構成される最も裕福なグループのメンバーは各人7枚のビスケットをゲットするが、最も貧しいグループは1枚半のビスケットを10人で分けねばならず困惑する。これにより、現在の世界の富の偏在状況を学ぶのがねらいである。

　最後に、『世界がもし100人の村だったら』を朗読して、各メンバーが最も感銘を受けた箇所について話し合う。そしてこのワークショップの感想を話し合う。

2．学校教育および社会教育における市民教育の実際

（1）市民教育の実践事例—上尾東中学校のグローバルシティズンシップ科

　参加体験型の市民教育を実践し成果を挙げている実践事例として上尾市立東中学校の「シティズンシップ科」の実践を紹介しよう。同校は埼玉県上尾市にある公立中学校であり、文部科学省より2015年度から4年間の「研究開発学校」指定を受けて、新教科「グローバルシティズンシップ科」を設定して、中学校段階での市民教育のあり方について研究を進めてきた[8]。

　同校のグローバルシティズンシップ科の目的は以下の3点である。

① 18歳選挙権に向けて社会参画意識の向上——改正公職選挙法により選挙権

---

8)　埼玉県上尾市立東中学校（2016）『平成28年度研究開発実施報告書（第2年次）』。

年齢が 18 歳に引き下げられ、2016 年 7 月には国政選挙として初めて参議院議員選挙にて 18 歳選挙権が行使され、「若者の政治参加」への注目度が高まった。しかし、参議院議員選後に公表された投票率（総務省発表）では、18 歳、19 歳の投票率は 45.5％で、全世代平均の 54.7％を下回る結果となった。若者の社会参画意識向上を図るために一人でも多くの 10 代が社会の課題に触れ、関心を持って社会と関わることを目指す。

② **持続可能な社会づくりの担い手を育成**──環境問題、難民をめぐる課題、貧困の問題など地球規模の課題が多く存在する。こういった「答え」の定まらない課題と向き合い、世界の課題を自分たちの課題ととらえ、「自分事」として課題解決にのぞむ姿勢を育み、今後の社会を生きる子どもたちが現在の持続「不可能」な社会から持続可能な社会をつくるための担い手となるよう育成する。

③ **多様な他者と協働できる力の習得**──国内の在留外国人はおよそ 240 万人。埼玉県においては 13 万人を超えている。日本で働く外国人、外国人を受け入れる日本企業ともに増加傾向にあり、多様な他者と協働するための資質・能力が求められている。多文化共生の社会づくりを目指し、複数の異なることば、宗教、文化を受け入れ、協調し合い、共に学び、考え、行動できる人材を育成する。

　グローバルシティズンシップ科には 1 年生年間 50 時間、2・3 年生年間 70 時間を「総合的な学習の時間」を活用して配当している。本科では、教師を「ファシリテーター」と位置付けて参加型学習を推進する。カリキュラムの内容は表 5 - 1 のとおりである。学習内容は、学校づくり、まちづくり、開発、環境、平和、人権、ジェンダー、多文化共生、難民、貧困、国際協力、等多岐にわたっている。

　本科目のユニークな点は、1 ～ 2 年生でグローバルな社会課題を扱いながらも、3 年生の最後にローカルな課題として「上尾をプロデュース」というテーマをもってきているところである。それまでに学習し、身につけてきた力（課題発見・資料収集・質問作成・問題解決など）を自分の足元の課題を解決するために発揮するなかで「持続可能なまちづくり」を目指した政策提言を行うことがねらいである。実際には、「子育て」「少子高齢化」「医療」「道路・交通」など現実の上尾市で起きている課題を取り上げ、自分たちで町の人々にインタビュー

表5-1　2016年度　「グローバルシティズンシップ科」　学年ごとのカリキュラム

月	学習単元		
	1年生	2年生	3年生
4月	オリエンテーション	オリエンテーション	オリエンテーション
	世界一大きな授業	世界一大きな授業	世界一大きな授業
	生徒総会に向けて	学習発表会（新1年生へ）	修学旅行
5月	ワークショップ体験「世界がもし100人の村だったら」	職場体験学習に向けて	
		生徒総会に向けて	生徒総会に向けて
6月	「国際協力」「環境」「福祉」「難民」	職場体験学習に向けて	修学旅行
7月	講演会・体験活動	職場体験振り返り	
9月	メディアリテラシー	持続可能な社会づくり	上尾をプロデュース！・関係機関訪問・関係機関を招いてセッション
10月		持続可能な社会づくり（クラステーマ別学習）関係機関へ訪問（校外学習）インタビュー実施	
11月	講演会・記事作成新聞記事作成調べ学習インタビュー図書資料		
12月			
1月			提案書作成・送付
2月		振り返り	
3月	学習発表会		

したり、市役所の職員に直接対策を聞くなかで、それぞれの課題について改善案を提言している（写真4-1、59頁）。

　同校のアンケート調査によれば「本校の生徒は、「自分の参加により社会を少しでも変えることができる」と思う生徒が日本の平均より高い」「学習が進むにつれて社会の複雑性に気付き、解決に向けては時間や多様な方策が必要となっていくことを学習」等、の結果が出ている。

(2) 社会教育での実践

　参加型の市民教育につながる活動は、青少年の社会教育の分野でも展開されている。ドイツのミュンヘン市で隔年で催されている「遊びの都市－ミニ・ミュンヘン」もその一つである。ミニ・ミュンヘンは7歳から15歳までの子どもだけで運営する小さな都市である。働くことで収入を得、稼いだお金「ミニュ」で買い物やサービスを受ける。このまちの市長と市議会議員は、子ども

たちが直接選挙で選ぶ。市長と市議会は、ミニ・ミュンヘンの運営に関する重要な事項について決定し、実行する。子どものまちという「遊び」の中に、労働と政治参加という大切な要素が含まれている。日本でも全国で 29 の「こどものまち」の実践事例が知られている（2010 年時点）。ただ日本の場合、日数が 1 − 3 日と短く、市民自治の要素は少ない[9]。

　日本 YMCA 同盟が主催している「地球市民育成プロジェクト」も、実践的な市民教育の一例である。18 歳から 30 歳までの若者を対象としていて、夏の 1 週間程度の合宿をメインに、年間を通して行われる。事前研修としてレポートの作成がある。テーマは「多文化共生」「平和」「持続可能な開発（社会）」「貧困と格差」のうちから選ぶ。メインの合宿は 8 月の後半に行われる。ここでは、韓国、中国、香港、台湾などからの若者が参加している。フィールドワークがあり、複数国の若者で構成されるグループに分れて、それぞれのテーマを追求する。例えば、多文化共生であれば、横浜の多文化保育園、外国人すまいサポートセンター、貧困であれば横浜寿町の NPO などを訪問する。最後は、自分が国や地域に帰ってから何をするのか、を考える行動計画づくりを行う。プログラムのねらいは、若者自身が「地域」と「世界」をつなげながら、今後社会や世界の課題に関われるようになることである[10]。

　中学や高校で市民教育を行う場合も、学校の中だけでなく、地域や NPO そして公共施設などと連携して、「生の社会」に直接触れることでより効果的な市民教育が実践されることになるであろう。

3．18 歳成人と教育の課題

(1) 18 歳成人と高校教育の課題

　実際に「18 歳成人」が実現した際に、教育現場にはどのような影響があり、それにどのように対応すべきであろうか。成人年齢の 18 歳引き下げがもたらす課題は 2 点ある。第一に、個人が単独で契約を行える年齢が下がることであ

---

9)　木下勇他編著（2010）『こどもがまちをつくる〜「遊びの都市−ミニ・ミュンヘン」からの広がり』萌文社。

10)　田中治彦（2015）『ユースワーク・青少年教育の歴史』東洋館出版社、241-242 頁。

る。未成年者が契約を行う場合には、原則、親権者等の法定代理人の同意を得なければならない。法定代理人の同意を得ないで行った契約は、未成年者本人またはその法定代理人が、取り消すことができる。成年年齢を18歳に引き下げた場合には、18歳、19歳の者が親の同意なく自由に売買等を行うことができるようになる一方、悪徳業者から不当に高額な商品を購入した場合であっても、親権者がその売買契約を取り消すことができなくなるため、消費者被害が拡大するおそれが高くなる。

　従って、教育現場では有効な消費者教育のあり方が課題となる。詐欺商法やクーリングオフ制度に関する知識とそれを実践するスキルが必要となる。この場合も参加体験型の学習が有効である。一方、18歳は高校在学中の場合が多いので、被害を受けても親や学校に相談するであろうから、全校生徒に再発防止を呼びかけたり、ケーススタディとして教材化することも可能になる。

　成人年齢引き下げの第二の課題は、個人が親権者の親権に服さなくなる年齢が下がることである。親権の内容は、子の監護、教育、居所指定、懲戒、職業許可および財産管理と多岐にわたる。成年年齢の引き下げは、親権を離れ、若年者の自立を促す効果がある一方、自立が元々困難な者にとっては、18歳を迎えた後、親権者の保護を受けられなくなるおそれが生じる。また、18歳成人により、高校3年在学中に成年を迎える者が出てくるが、法律上はすでに親の親権に服さない地位になっており、教育者の立場からすれば、生活指導、進路指導等の場面で親の協力が得られなくなるおそれがある。

　例えば、従来18歳の若者が親の許可なく家を離れた場合は「家出」と表現するが、成人であれば「失踪」ないし「自立」と表現する場合も出てくるだろう。進学の相談において三者面談が行われるが、18歳の生徒が親の同席を拒否した場合に学校はどのように対応したらよいのだろうか、などいくつかの問題が想定される。今後、高校の生徒は在学中に未成年から成人に移行するため、制度的にも意識的にも、従来とは異なった対応が求められる場面が出てこよう。

(2) 自立が困難な「成人」への対応

　民法上18歳が成年と規定されても、現実には心理的にも社会的にも成人と

して自立していない場合が多いであろう。2009 年の法務省の法制審議会においても、自立に困難をきたしている若者の支援策の必要性を強調している。この点については児童福祉法での対応が参考になる。児童福祉法では当初から「児童」を 18 歳未満としていた。しかし、現在大学や専門学校への進学についてこれを支援する立場から、家庭基盤が脆弱な子どもに対して 20 歳ないし 22 歳まで支援を延長できるように 2016 年に法改正が行われた。

　少年法の改正においても、同様のことが生じる可能性がある。現行の少年法では 18-19 歳の少年が犯罪を犯した場合、すべて家庭裁判所に送られ、少年審判の手続きが行われて少年院などで更生のための教育が行われる。すなわち、少年にはまだ可塑性があり、適切な教育により立ち直る機会が与えられている。その結果、現在少年の再犯率は成人の再犯率よりも低くなっている。もし対象年齢を 18 歳に引き下げると、18・19 歳の若者は更生の機会を与えられず、再犯のおそれも高まるのではないかという危惧が専門家の間から提起されている[11]。

　こうした問題が指摘される背景には、そもそも人間は子どもから大人に突然移行するのではなく、長ければ 20 年にも及ぶ「青年」という過渡期を経て成長していくという事実がある。法律上は一定の年齢で子どもと成人とを区別する必要があるが、人間の成長はそのようには進まないという事情がある。青年期という過渡期においては、一方で大人の権利を行使するための準備としての社会参加が必要であると同時に、未完成な者に対する保護の側面も必要である。従って、成人年齢を引き下げる場合も、一定の経過措置や補償的な施策が必要と考えられる。

(3) 成人式をめぐる課題

　現在の成人式は埼玉県蕨市の青年団が 1946 年に行った「青年祭」がルーツである。その後、青年団が自発的に関わって実施する成人式が多かったこともあり、行政での担当部局は社会教育・生涯学習部局である場合が多い。最後に

---

11)　日本弁護士連合会「少年法の「成人」年齢引下げに関する意見書」2015 年 2 月 20 日、10-11 頁。

写真5-1　成人式発祥の地の像（埼玉県蕨市）

18歳時に行われる成人式の意義と課題について述べておきたい。成人式は民俗学の「通過儀礼」の一種であり、本人が大人になるという自覚と、構成社会の承認という二つの要素から成り立っている。これまでは、20歳は人生の節目にならない年であり、そのため成人式の意義が自覚されにくいという問題があった。ところが、18歳であれば高校の最終年度に当たり、まもなく進学か就職を迎えるという節目の年でもある。そのため、成人式の本来の意義が再確認されるよい機会となるであろう。

　18歳成人が実現した際の成人式について、一つだけ課題を提起しておきたい。成人式は原則として「成人の日」に実施される。1948年に公布・施行された祝日法により1月15日が成人の日として制定された。1月15日の根拠については明確ではないが、数えでは加齢が正月であり、元服が正月に行われていたケースが多いという説がある。その後、1998年の祝日法改正に伴って、成人の日は1月第2月曜日へ移動した。しかし、1月は高校3年生にとっては受験期に相当するため、この時期の成人式の実施は難しいと考えられる。人生の節目を祝うという本来の趣旨に戻るのであれば、成人式を3月に移すか、成人の日そのものを3月に移行することが望ましいであろう。

4.　おわりに

　本章では、18歳選挙権導入に伴う市民教育の課題を整理し、今後の学校教育、社会教育における市民教育の展開について提案した。そして、18歳成人が実現した際の教育課題につき、特に高校教育におけるカリキュラム改革の必要性と、生活指導・進路指導の課題について明らかにした。2020年代に日本社会は18歳成人時代を迎えることになり、高校のみならず教育のあらゆる分野での準備が必要となるであろう。

第2部
18歳成人の制度改革

　第2部では、日本の国内法令（憲法、法律および命令）が定める年齢の概念、制度（年齢法制）に関して、その体系の全体を俯瞰しながら、特に、個々の「法律」に含まれる年齢条項の見直しの動きを考察していく。

　第6章「年齢制度の法体系とその見直し」は総論、第7章「国民投票権年齢」、第8章「選挙権年齢」、第9章「成年年齢」、第10章「少年法適用対象年齢」および第11章「見直し対象外の年齢」は各論という構成である。

第 6 章　年齢制度の法体系とその見直し

南部義典

> **第 6 章のポイント**
> 1. 年齢条項、法定年齢とは、どのような概念か。
> 2. 年齢に関する法制度は、どのように形成されてきたのか。また、「18 歳成人の制度改革」は、いつ、どのような経緯で始まったのか。
> 3. 年齢条項の見直しに関しては、どのような前提事項が置かれているのか。

1. 年齢条項と法定年齢

　まず、第 2 部の中心概念となる、年齢条項、法定年齢という用語の意義を確認しておきたい。

　年齢条項とは、法令上、年齢に関する定めを有する条項のことである。年齢条項は、狭い意味では、①具体的な年齢の定めを有するもの、②他の法律が定める年齢に連動するもの、を指す。①②は、端的に言えば、その条文を読めば（解釈すれば）、何歳を指しているのかが分かるものである。さらに①②に加え、③抽象的な概念にとどまるもの（具体的な年齢が判明しないもの）も広く含めることができる。

　①の例としては、民法〔明治 29 年 4 月 27 日法律第 89 号〕第 731 条が挙げられる。同条は「男は、18 歳に、女は、16 歳にならなければ、婚姻をすることができない。」と定めている。これは言うまでもなく、両性の婚姻適齢に関する規定であり、年齢条項に当たる。同様に、民法第 4 条「年齢 20 歳をもって、成年とする。」も、成年年齢（20 歳）を定めるもので、年齢条項といえる。

　②の例としては、競馬法〔昭和 23 年 7 月 13 日法律第 158 号〕第 28 条「未成年者は、勝馬投票券を購入し、又は譲り受けてはならない。」という規定が挙げられる。条文には、具体的な年齢が定められていないものの、条文の主語である「未成年者」は、

民法第4条に連動する概念で「20歳に満たない者」を指す。つまり競馬法第28条は、「20歳に満たない者は、勝馬投票券を購入し、又は譲り受けてはならない。」と解釈することができる。

③の例としては、国民の祝日に関する法律〔昭和23年7月20日法律第178号〕第2条が定める「おとな」および「青年」、スポーツ基本法〔平成23年6月24日法律第78号〕第2条が定める「青少年」などが挙げられる。いずれも、年齢に関する具体的な規定は置かれていない。

そして、法定年齢とは、年齢条項の中で定められた具体的な年齢のことである。先に挙げた、民法第4条における成年年齢（20歳）、同法第731条における男性の婚姻適齢（18歳）、女性の婚姻適齢（16歳）はそれぞれ、法定年齢に該当する。

他方、法令によらない年齢（法定外年齢）のルールも、社会には多く存在している。例えば、映画のレイティングシステムに関しては、一般財団法人映画倫理機構（映倫）の映画倫理委員会がG（制限なし）、PG12（小学生に対する助言、指導が必要）、R15+（15歳以上可）、R18+（18歳以上可）と区分する視聴基準を定め、各映画に対する指定を行っている。[1] また、JR その他の私鉄各社が運賃、料金に関して、おとな（12歳以上）、こども（6歳〜12歳未満）、幼児（1歳〜6歳未満）、乳児（1歳未満）の区分を置いているが、これらは各社が定める旅客営業規則が根拠規定となっている。[2] その他、遊興施設の料金、理髪料金など、数多の例がある。

2．年齢制度の歴史と改革の萌芽

次に、わが国の年齢制度の歴史について、その概略を振り返る。

わが国では、604（推古12）年正月、暦法が採用されたことを契機に、頒暦（暦を社会に広めること）[3] が進められた。そして、7世紀後半から8世紀初頭にかけての戸籍制度の導入と時を同じくして、年齢制度が確立している。670（天

---

1)　映画倫理委員会「映画4区分の概要」http://www.eirin.jp/img/quartering.pdf（アクセス日：2018年2月1日）。

2)　JR 東日本旅客営業規則第73条第1項など。

3)　細井浩志（2014）『日本史を学ぶための〈古代の暦〉入門』吉川弘文館、72頁。

智 8) 年の康午年籍、690（持統 4）年の庚寅年籍、さらに 701（大宝元）年の大宝律令に基づく「戸令」に従い、全国規模で作成された戸籍では、調庸および兵役義務の基準として、年齢が六つに区分されていた（緑、小、少、丁、老および耆4)）。現存する最古の戸籍とされる 702（大宝 2）年の「大宝弐年御野國加毛郡半布里戸籍」にも、前記六つの区分がそのまま残されている5)。さらに、元服の慣習も、平城京時代（710 ～ 794 年）に確立し、714（和銅 7）年 6 月、『続日本紀』における聖武天皇の元服の記事が最古であるといわれている6)。その後、時代、地域によって戸籍整備の不徹底さ、形骸化がみられたものの、政治体制の如何にかかわらず、年齢制度は徐々に、社会に浸透していったとみられる。

　さらに千百年余が経ち、明治期に入ると、政府は不平等条約の改正に備え、法治国家としての体裁を整える必要から、西洋の近代合理主義、平等主義の思想、精神に基づいた大日本帝国憲法〔明治 22 年 2 月 11 日発布〕、民法、刑法〔明治 40 年 4 月 24 日法律第 45 号〕7)その他の基本法典を整備した。この頃、20 世紀初頭には、近代的意味の年齢法制が確立したと解される。その根本原理は、自律した個人像を前提に、法定年齢を以て画一的に、権利を付与したり、義務を課したり、または責任を負わせたりすることに他ならない。民法第 4 条が定める成年（未成年）概念は、その他の法律の規定中に多く用いられ、現在に至るまで、年齢法制上の基幹的地位を占めている。

　日本国憲法〔昭和 21 年 11 月 3 日憲法〕8)が施行された後は、いわゆる行政国家化の進展に伴

---

4)　性別を加え、緑児・緑女（1 ～ 3 歳）、小子・小女（4 ～ 16 歳）、少丁・少女（17 ～ 20 歳）、正丁・正女（21 ～ 60 歳）、老丁・老女（61 ～ 65 歳）および耆老・耆女（66 歳以上）に区分されていた。国史大辞典編集委員会編（1997）『国史大辞典』吉川弘文館、802 頁。

5)　54 戸 1,119 名の記載がある。「半布」は、現在の岐阜県加茂郡富加町羽生地域に当たる。富加町史編集委員会編（1975）『富加町史（上巻）資料編』岐阜県加茂郡富加町、3 頁。岐阜県富加町「奈良正倉院に残る最古の戸籍」http://www.town.tomika.gifu.jp/tourism/rekishi/saiko_koseki.html（アクセス日：2018 年 2 月 1 日）。

6)　元服の定式は、清和天皇の元服のとき、大江音人が唐礼により制したことに始まる。遠藤元男編（1977）『日本古代史事典』朝倉書店、330 頁。

7)　刑法〔明治 40 年 4 月 24 日法律第 45 号〕にも、刑事未成年（第 41 条）、未成年者略取・誘拐罪（第 224 条）という、年齢条項が存在する。

8)　現代資本主義下において、国家の機能が著しく拡大、複雑化し、高度の専門的、技術的能力を要する行政部門の役割が拡大していった。杉原泰雄編（2008）『新版体系憲法事典』青林書院、29-31 頁。

い、福祉分野の立法が増加した。その結果、旧来の「成年（未成年）」、「少年」に加え、「児童」、「子ども」、「年少者」、「青少年」など、各法分野の政策目的に即した、新たな年齢概念が生まれている。新たに生まれた年齢概念には「何歳から何歳まで」といった定めがなく、幅を持たせているのが特徴である。この意味で、年齢法制の体系は今や、蜘蛛の巣のごとく、多元的に拡大している（現代的意味の年齢法制）。

　平成期に入り、さらに 21 世紀を迎えると、近代的意味の年齢法制をめぐっての改革論議が幕を開けた。具体的には、「18 歳以上の者に“大人”としての権利と責任を与える」ことを目標理念に、民法第 4 条が定める成年年齢（20 歳）をはじめ、公職選挙法〔昭和 25 年 4 月 15 日法律第 100 号〕第 9 条第 1 項等が定める選挙権年齢（20 歳以上）、少年法〔昭和 23 年 7 月 15 日法律第 168 号〕第 2 条第 1 項が定める同法の適用対象年齢（20 歳未満）を、18 歳に引き下げるべきではないかという議論が興ってきた。2000 年から 2002 年にかけて、衆議院、参議院で、野党議員がこれに関連する法案を提出した実績もある。[9] 当時の議論は、20 歳基準の年齢条項を 18 歳基準に引き下げることを柱とする、「18 歳成人の制度改革」の萌芽とみることができる。

　当時の議論には、さまざまな背景、根拠事実がみられる。まず「18 歳成人」の法制度は、政治参加、私法上の契約の場面において、すでに世界の趨勢となっていたことは紛れもない。そして、国内では何より、社会を震撼させる凶悪な少年犯罪が時期集中的に発生し、社会不安が増幅したことに伴い、少年法適用対象年齢を引き下げるべきとする（少年犯罪の厳罰化を求める）世論が急激に高まっていた。[10] また、2000 年 1 月の「荒れた成人式」騒動をきっかけに、若者に対する厳しい規律を求める世論が上がった一方、若者の社会参加を以て自立を促すべきとの意見が有力に主張されていた。[11] さらに、各地の自治体が定

---

9)　民主党（2000 〜 16 年）は、「成年年齢の引下げ等に関する法律案」を過去三度、提出した。枝野幸男議員外 3 名提出・第 150 回国会衆法第 7 号、角田義一議員外 2 名提出・第 150 回国会参法第 15 号および島聡議員外 2 名提出・第 155 回国会衆法第 9 号である。いずれも委員会審査は行われず、廃案となっている。当時は未だ、国民投票法の整備は政治課題に上っていなかった。

10)　1998 年には、年長少年（18 歳、19 歳）の検挙人員が 2 万 9309 人に達し、2003 年には、同人員が 2 万 9190 人に達し、それぞれピークを迎えていた。

11)　田中治彦「「成人年齢 18 歳」で参加社会に」『朝日新聞』2001 年 2 月 14 日付け朝刊。

める住民投票条例では、その投票権年齢を 16 歳以上[12]あるいは 18 歳以上[13]と、当時の選挙権年齢（20 歳以上）よりも低く定める例が生まれ、選挙権年齢の引き下げを求める議論を後押ししていたこと、などが挙げられる。

　そして近年では、憲法改正の手続きを定める国民投票法（日本国憲法の改正手続に関する法律）〔平 成 19 年 5 月 18 日法律第 51 号〕の制定が直接の契機となり、「18 歳成人の制度改革」は構想、検討の段階を脱し、立法政策の課題として、その俎上に載ったところである。

　国民投票法はその本則（第 3 条）で、国民投票権年齢を 18 歳以上と定めた。もっとも、法の制定時には、18 歳国民投票権は、18 歳選挙権、18 歳成年などを実現することがその前提条件とされており、国民投票法が全面施行される 2010 年 5 月 18 日までの間に、公職選挙法、民法その他の法定年齢の見直しを検討し、必要な法整備を行うことを、国に義務付けていたのである。国民投票法の制定からまもなく 11 年を迎えるが、国による「年齢条項の見直し」の検討は、形を変えて、現在も継続中である。

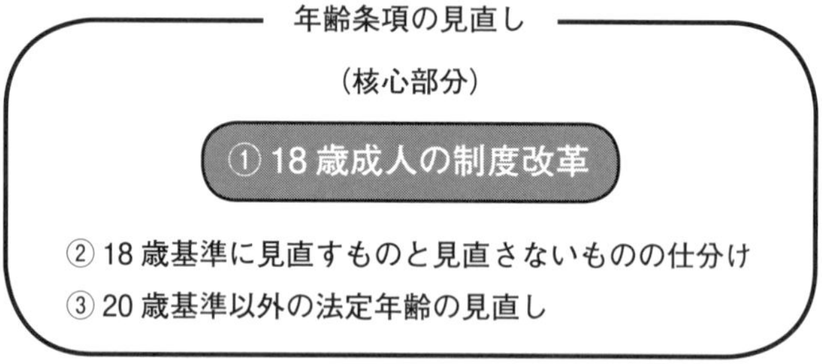

図 6 - 1　「年齢条項の見直し」と「18 歳成人の制度改革」

　ここで、「年齢条項の見直し」の概念について触れておく（図 6 - 1）。政策用語としては、「年齢条項の見直し」が通例であり、概念としては最広義である。その内容として、①「18 歳成人の制度改革」が核心部分を占め、他に、② 18 歳基準に見直すものと見直さないものの仕分け（①の補充）、③ 20 歳基準以外

---

12)　大和市自治基本条例〔2007 年 4 月 1 日施行〕第 31 条第 5 項。

13)　岸和田市自治基本条例〔2007 年 8 月 1 日施行〕第 20 条第 2 項等。

の法定年齢の見直し、が含まれる。国民投票法が国に命じた「年齢条項の見直し」は、近代的意味の年齢法制の確立からおよそ 120 年ぶりの、一大改革と位置付けられる。

3．「18 歳成人の制度改革」をめぐる動向

第 7 章から第 11 章までの導入として、「18 歳成人の制度改革」をめぐる動向を、より具体的に見ていくこととする。

まず、18 歳選挙権の実現である。周知のとおり、選挙権年齢を 20 歳以上から 18 歳以上に引き下げること等を内容とする 18 歳選挙権法（公職選挙法等の一部を改正する法律）〔平成 27 年 6 月 19 日法律第 43 号〕は、国政選挙として初めて、第 24 回参議院議員通常選挙（2016 年 7 月 10 日執行）に適用された。その後、第 48 回衆議院議員総選挙（2017 年 10 月 22 日執行）にも適用されている。同法が施行された後、今日まで数多くの自治体議員・首長選挙、住民投票が、18 歳選挙権の制度下で執行されている。18 歳選挙権は制度としてすでに、世代を超えて十分に認知され、社会に定着したといえる。第 8 章では、18 歳選挙権が実現するまでの法整備の過程を踏まえ、その制度の解説を施す。

もっとも、「18 歳成人の制度改革」の帰趨を見定めるためには、今後予定されている法整備にこそ、関心を払う必要がある。具体的には、国民投票権年齢、成年年齢および少年法適用対象年齢の 18 歳引き下げを指す。これら三つの法定年齢の引き下げに関しては、政治、社会に与える影響はもちろん、その他の法律との論理的な整合性を維持する必要があることを念頭に、その意義と問題点を考察しなければならない。

国民投票権年齢の 18 歳引き下げは、第 7 章で扱う。国民投票権年齢は、国民投票法第 3 条により、18 歳以上と定められているものの、改正国民投票法（日本国憲法の改正手続に関する法律の一部を改正する法律〔平成 26 年 6 月 20 日法律第 75 号〕）附則第 2 項が、2018 年 6 月 20 日までは 20 歳以上とする経過措置を規定している。従って、現在は制度上、20 歳国民投票権であり、18 歳国民投票権の実現には法律上のストッパーが掛かった状態である。つまり、現行法のままでは、2018 年 6 月 21 日を迎えないと 18 歳国民投票権は実現しない。

　この点、18歳国民投票権が実現する際、18歳、19歳の有権者は少年法上の「少年」扱いでいいのかという問題が生ずる。18歳、19歳の者による国民投票犯罪の取扱いに関して、少年法を適用してよいのかどうか、同法の適用対象年齢（20歳未満）と矛盾を生じさせないよう、両法の関係を整理する必要が生ずる。

　成年年齢の18歳引き下げは、第9章で扱う。政府はすでに、民法第4条が20歳と定めている成年年齢を、2018年に引き下げる方針を固めている。問題は、法整備のタイミングである。現在のところ、18歳成年法案（民法の一部を改正する法律案）は、2018年1月に召集される第196回国会（常会）で審議され、成立する見通しとなっている。[14]重要な点は、多くの法律が民法第4条の規定に基づく成年（未成年）概念を用いており、改正後の民法第4条（18歳成年）に連動する関係に立っていることである。また、直接は連動しないものの、各々の立法趣旨に照らし、18歳成年の実現に合わせて改正を要することになる法律も少なくない。

　さらに、18歳成年の実現には、若年者の自立を促す施策の充実や、消費者被害の拡大のおそれ等の問題点の解決に資する施策が実現されることが前提条件になるというのが、政府の立場である。これらの施策の進捗状況を含めて、18歳成年制の意義と課題を理解する必要がある。

　少年法適用対象年齢の18歳引き下げは、第10章で扱う。この件は、法制審議会（法務大臣の諮問機関）の少年法・刑事法（少年年齢・犯罪者処遇関係）部会が2017年3月以降、少年法適用対象年齢の引き下げとその制度改正に伴う処遇のあり方に関して議論を進めている。審議会の答申を受けて、政府は、18歳少年法案（少年法等の一部を改正する法律案）を国会に提出する運びであるが、2018年中の審議、成立は難しく、2019年以降になる見通しである。民法と同様、少年法の改正と同時に改正を要する法律があることに注意を要する。

　今後、国民投票権年齢、成年年齢および少年法適用対象年齢の18歳引き下げが実現するに従い、「18歳成人」問題に対する社会的関心は、より本質的な点で高まっていくとともに、逆に、制度上のさまざまな問題点、課題も浮かび

---

14)　政府・与党は、18歳成年法の公布から施行まで、3年程度の周知、準備期間を置くことを想定している（第9章6）。

上がってくるであろう。

　以上の「18歳成人」立法とは切り離され、見直しが行われない年齢条項が多くあることにも着目し、その趣旨、理由を理解することも重要である。これらの法律（年齢条項）は、第11章でまとめて扱う。

４．年齢条項の見直しに係る五つの前提事項

(1) 法令のうち、法律のみを対象とすること

　第2部で扱う「年齢条項の見直し」は、法令のすべてではなく、国会の議決によって制定、改正される法律（憲法第41条、第59条第1項）のみを対象とする。国民投票法は主に、立法政策のレベルで「年齢条項の見直し」を位置付けているからである。

　この点、国会には、年齢条項をどのように改正するか（否か）についての裁量が広く認められる。国会に法律案を提出する内閣も、同様である。年齢条項の見直しがどのように進められていくか（対象、時期など）は、政治部門（国会、内閣）によるその時々の判断に委ねられる。

　参考までに触れておくが、法体系の全体を見渡せば、法律よりも上位にある憲法、条約、そして法律よりも下位にある命令（政令、省令等）にも、年齢条項は存在する。

　まず、憲法第15条第3項は「公務員の選挙については、成年者による普通選挙を保障する。」と定めている。成年者という概念を含む、年齢条項である。この点、成年者が何を意味するか、具体的に民法第4条の成年と同義か否かは解釈に委ねられているが、仮に、「18歳以上の国民」というように、具体的な年齢を明記するのであれば、憲法第96条が定める手続きに従い、条文を改正する必要がある。[15]

　また、条約上の年齢条項としては、児童の権利に関する条約〔平成6年5月16日条約第2号〕第1条本文の「児童」（18歳未満のすべての者）、道路の交通に関する条約〔昭和39年8月7日条

---

[15]　選挙権年齢を憲法典に規定する例として、アメリカ合衆国憲法修正第26条、ドイツ連邦共和国基本法第38条第2項、中華人民共和国憲法第34条、スイス連邦憲法第136条第1項などがある。初宿正典／辻村みよ子編（2017）『新解説世界憲法集（第4版）』三省堂、を参照。

約第
17号〕附属書 8 における、運転可能者の定義（18 歳以上）、船員の訓練及び資格証明並びに当直の基準に関する国際条約（STCW 条約）〔昭和58年7月
22日条約第9号〕附属書第2-3 規則 2 (a)(ii)(1) が定める、登録総トン数 200 トン未満の船舶の船長の年齢要件（20 歳）などが挙げられる。条約は、国家間の文書による法的合意であり、わが国政府による一方的な意思表示で改正することはできない。

　さらに、命令上の年齢条項もある。身近な例では、献血年齢が挙げられる。安全な血液製剤の安定供給の確保等に関する法律施行規則〔昭和31年6月25
日厚生省令第22号〕第14 条および別表第二は、200ml 全量採血、400ml 全量採血、血漿 成分採血および血小板成分採血の基準年齢を定めている。

(2) 年齢法制上、統一的な基準は存在しないこと

　先に、民法第 4 条が定める成年（未成年）概念は、「その他の法律の規定中に多く用いられ、年齢法制上の基幹的地位を占めている」と述べた。しかし、同条は、20 歳を基準年齢とする法律のすべてを整理統一しているわけではない。

　例えば、未成年者喫煙禁止法〔明治33年3月
7日法律第33号〕第 1 条、未成年者飲酒禁止法〔大正11年3月30
日法律第20号〕第 1 条第 1 項は、「満二十年ニ至ラサル者」の喫煙、飲酒をそれぞれ禁止している。国民年金法〔昭和34年4月16
日法律第141号〕第 7 条第 1 項第 1 号は、20 歳以上の者を国民年金の被保険者と定めている。銃砲刀剣類所持等取締法（銃刀法）〔昭和33年3月
10日法律第6号〕第 5 条の 2 第 2 項第 1 号は、猟銃所持が可能となる年齢を 20歳と定め、鳥獣の保護及び管理並びに狩猟の適正化に関する法律（鳥獣法）〔平成14年7月
12日法律第88号〕第 40 条第 1 号は、狩猟免許（第一種、第二種）の取得可能年齢を20 歳と定めている。いずれも、20 歳が基準年齢となっている。

　前記の法律はすべて、民法の後に制定されているが、成年（未成年）概念に従うことなく、あえて個別に「20 歳（年）」と規定している。この点、民法に従わないのは、立法（政策上の）目的が異なるからである。

　第 9 章で言及するが、民法第 4 条の目的は、親の同意なく契約などを単独で可能とする年齢を定め、私法上の取引の安全を図ることにある。他方、未成年者喫煙禁止法、未成年者飲酒禁止法は、個人の健康を維持するとともに、その非行を防止すること、国民年金法は、個人の稼得能力に応じて保険料を徴収

すること、銃刀法および鳥獣法は、肉体的、精神的成熟度に鑑みて他者への危害を予防すること、をそれぞれ目的とし、その基準年齢を 20 歳と定めているのである。

(3) 年齢条項の概念は相対的なものであること

　(2) で、年齢条項は、その立法目的に依存することを述べた。同時に、その概念は相対的なものであり、同じ用語であっても、法律によって使われ方が異なる例がみられる。

　例えば、「子ども（子供）」である。子ども・子育て支援法 〔平成 24 年 8 月 22 日法律第 65 号〕第 6 条第 1 項は、「子ども」を「18 歳に達する日以後の最初の 3 月 31 日までの間にある者」と、子どもの読書活動の推進に関する法律 〔平成 13 年 12 月 12 日法律第 154 号〕第 2 条は、「おおむね 18 歳以下の者」と、就学前の子どもに関する教育、保育等の総合的な提供の推進に関する法律 〔平成 18 年 6 月 15 日法律第 77 号〕第 2 条第 1 項は、「小学校就学の始期に達するまでの者」と、さらに公職選挙法第 58 条第 2 項は、漢字の「子供」を[16]「児童、生徒その他の年齢満 18 年未満の者」と、それぞれ異なる定義付けをしている。また、食育基本法 〔平成 17 年 6 月 17 日法律第 63 号〕、東京電力原子力事故により被災した子どもをはじめとする住民等の生活を守り支えるための被災者の生活支援等に関する施策の推進に関する法律 〔平成 24 年 6 月 27 日法律第 48 号〕、子どもの貧困対策の推進に関する法律 〔平成 25 年 6 月 26 日法律第 64 号〕など、近年の立法例では、子どもの定義規定を置かないものもみられる。

　また、「児童」も例として挙げられる。児童福祉法 〔昭和 22 年 12 月 12 日法律第 164 号〕第 4 条第 1 項は、「満 18 歳に満たない者」とする一方、児童手当法 〔昭和 46 年 5 月 27 日法律第 73 号〕第 3 条第 1 項は、「18 歳に達する日以後の最初の 3 月 31 日までの間にある者であって、日本国内に住所を有するもの又は留学その他の内閣府令で定める理由により日本国内に住所を有しないもの」と定義している。

　さらに、「少年」も例として挙げられる。少年法第 2 条第 1 項は「20 歳に満たない者」としているが、児童福祉法第 4 条第 1 項第 3 号は「小学校就学の始期から、満 18 歳に達するまでの者」と定義している。後者は、児童概念が

---

16)　法律上、漢字の「子供」を使用する例は、公職選挙法のみである。

細分化された例である。

(4)「大人」と「子ども」を区別する法律はないこと

　「大人（おとな、成人）」、「子ども」の概念は、教育学、社会学などの分野では、非常に重要なものであるが、法律学においては、広く通用するものではない。成年（未成年）概念よりも、用語の使われ方はかなり狭くなる。

　まず、年齢法制の全体において、一般的な意味で「大人（おとな、成人）」と「子ども」とを区別する法律は存在しない。両者の区分に係る立法は、憲政史上、一度も例がないばかりか、誤解を恐れず言えば、将来にわたって制定する必要もない。

　また、「大人」という用語を法令名、条文の中に使用する法律は存在しない[17]。平仮名の「おとな」を使用するのが唯一、国民の祝日に関する法律〔昭和23年7月20日法律第178号〕第2条で、「成人の日」の趣旨を定めている箇所である[18]。

　国語的意味における「大人」の類似概念として「成人」があるが、「成人」という用語を使用している法律は、6本にとどまる。児童福祉法第34条第1項第8号、国民の祝日に関する法律第2条、少年法第2条第1項、社会教育法〔昭和24年6月10日法律第207号〕第2条等、知的障害者福祉法〔昭和35年3月31日法律第37号〕第3条、および社会保障制度改革推進法〔平成24年8月22日法律第64号〕附則第2条第2号である。付言すると、これらの年齢条項のうち、少年法第2条第1項のみ、「満20歳以上の者」と具体的な年齢（成人年齢）を定めている。残りは、抽象的な成人概念（年齢の定義がない）を置くにとどまる。

　他方、「成年」、「未成年」、「未成年者」のいずれかの概念を含む法律は、256本に上る[19]。厳密には、純粋な年齢条項の意味としての成年（未成年）概念に加

---

17)　政府が管理する「e-Gov 法令検索」により、任意の法令用語を検索することができる。http://elaws.e-gov.go.jp/search/elawsSearch/elaws_search/lsg0100/（アクセス日：2018年2月1日）。

18)　成人の日の意義を、「おとなになったことを自覚し、みずから生き抜こうとする青年を祝いはげます。」と定めている。法案審議の過程では、成人の意義として「18歳」といった具体的な年齢を明記する案も出されたが、最終的に見送られている。第2回国会衆議院文化委員会議録第14号（昭和23年6月22日）1頁（小川半次委員長ほか）。

19)　「成年者」の語は、憲法第15条第3項に見られるが、法律では使用されていない。

えて、未成年後見人（民法第7条）、成年被後見人（同法第8条）という、用語中に「成年」概念を有するものも含まれる。法律の分野では、成人概念ではなく、成年（未成年）概念が主流なのである。

　この点、日本のメディアは、民法第4条が定める成年年齢を「成人年齢」と言い換えることが通例である。新聞、テレビは、「成年年齢の引き下げ」と言うべきところを「成人年齢の引き下げ」と言い換えて報じる。こうした言い換えは、民法第4条は「成人年齢」を定めているものであって、その改正（年齢引き下げ）が行われることにより、「大人」と「子ども」を区別する基準の引き下げが、一般的な法的拘束力を以て生じるのではないかという誤解をしばしば生んでいる。

　しかし、民法第4条は、「成人年齢」を規定していない。立法論としても、「成人年齢の18歳引き下げ」を扱うことはできない。逆に、18歳成年が実現したとしても、その意義は法的なものであって、社会的意味での「大人」「成人」の年齢概念の変容を直接導く（国民に命ずる）ものではない。

　本来、「成人年齢」と「成年年齢」は法的概念であるか否か、意識的に区別して論じられるべきものである。「成年年齢は何歳か？」という問いに対しては、民法第4条を参照すれば即答できるが、「おとな（成人）は何歳からか？」という問いに対しては、もっぱら法的な問題ととらえるかどうかで、結論は異なる。成年年齢その他多くの法定年齢を考慮に入れることもできれば、法律の分野を離れて、幅のある結論を自由に導き出すこともできる。

　法律レベルでの18歳成年が実現した後、規範としての社会的な受容が安定すれば、社会意識も徐々に変化し、「18歳成人の制度改革」のさらなる後押しとなっていく。拘束力を持つ規範（法）と社会意識との乖離は、決して好ましいものではない。

(5) 年齢計算の方法には、原則と例外があること

　個人の年齢の計算は、年齢のとなえ方に関する法律〔昭和24年5月24日法律第96号〕の制定によって、従来の「数え年」による慣例を改め、年齢計算に関する法律〔明治35年12月2日法律第50号〕に基づき、「満年齢」による方法によることになっている。もっとも、この

満年齢の計算方法についても、運用上の原則と例外があり、統一されていない。

年齢計算に関する法律

第 1 条　年齢ハ出生ノ日ヨリ之ヲ起算ス

第 2 条　民法第百四十三条ノ規定ハ年齢ノ計算ニ之ヲ準用ス

第 3 条　（略）

民法

（暦による期間の計算）

第 143 条　週、月又は年によって期間を定めたときは、その期間は、暦に従って計算する。

2　週、月又は年の初めから期間を起算しないときは、その期間は、最後の週、月又は年においてその起算日に応当する日の前日に満了する。ただし、月又は年によって期間を定めた場合において、最後の月に応当する日がないときは、その月の末日に満了する。（下線：筆者）

　年齢計算に関する法律第 2 条、民法第 143 条第 2 項本文により、年齢計算については、「その起算日（出生日＝誕生日）に応当する日の前日に満了する」とされる。「前日に満了する」とは一般に、前日の午後 12 時を以て満了することを意味すると解されている（時点基準[20]）。つまり、個人の年齢は、その者の誕生日の前日の午後 12 時（当日の午前 0 時）に加算される。年齢法制上は、時点基準が原則である。民法、少年法、児童福祉法などは、時点基準に倣っている。

　しかし、これには運用上の例外がある。誕生日の前日（の午前 0 時）を以て年齢が加算されるという、暦日基準が適用されている法定年齢もある。

　例えば、選挙権年齢である。暦日基準により、18 歳の誕生日の前日午前 0 時以降の全部（午後 12 時まで）が、選挙権を取得する日になる。政府は従来より一貫して、暦日基準に拠っている。この点、選挙権取得要件としての「年齢

---

20)　衆議院議員平野博文君提出年齢の計算に関する質問に対する答弁書（内閣衆質 154 第 154 号、平成 14 年 9 月 18 日）1 頁。

満 20 年以上」（当時）の意義が争われた事件において、大阪高等裁判所は、「年齢の計算については、年齢計算に関する法律により、出生の日から起算し、民法第 143 条を準用するものとされている。したがって、一般的には満 20 年の始期については出生の日を一日として計算し、終期は 20 年後の出生の日に応当する日の前日の満了（正確には午後 12 時の満了）をいうのであるが、被選挙権に関する公職選挙法第 10 条第 2 項において、年齢は選挙の「期日」により算定すると規定されており、この被選挙権に関する規定は選挙権についても類推適用されると解すべきであり、（中略）満 20 年に達する前示出生応当日の前日の午後 12 時を含む同日午前 0 時以降の全部が右選挙権取得の日に当たるものと解することができる。」と判示し、従来の政府見解と同じ論旨、結論を採用している[21]（下線：筆者）。

　選挙権年齢以外で、暦日基準を採る法定年齢としては、国民年金法第 8 条第 1 項第 1 号の「20 歳」（被保険者資格）、学校教育法〔昭和22年3月31日法律第26号〕第 17 条第 1 項の「満 6 歳」（小学校就学義務）、児童手当法第 3 条第 1 項の「18 歳」などが挙げられる[22]。運用例はないが、国民投票権年齢も、「国民投票の期日現在」が基準となる（国民投票法第 22 条第 1 項）。

5.「年齢条項の見直し」の経緯

　最後に、政府・与党による、「年齢条項の見直し」に関する検討の経緯について、まとめておく。第 7 章から第 11 章においても、必要に応じて言及する。

(1) 年齢条項の見直しに関する検討委員会（内閣官房）

　国民投票法案が参議院で可決、成立した 2007 年 5 月 14 日、内閣に「年齢条項の見直しに関する検討委員会」が設置されることが決定した[23]。第 7 章で詳しく述べるが、国民投票法附則第 3 条第 1 項（現在は削除）が、「国は、この法

21）　昭和 54 年（行ケ）2 号・選挙無効請求事件『高裁判例集』第 32 巻 2 号、224 頁。当判決に対する上告は、1980（昭和 55）年 8 月 26 日に言い渡された最高裁判決により棄却されている。

22）　佐藤政男（1983）「年齢計算について」『戸籍時報』307 号、43-44 頁。

23）　同日の内閣総理大臣決裁に拠る。

律が施行されるまでの間に、年齢満 18 年以上満 20 年未満の者が国政選挙に参加することができること等となるよう、選挙権を有する者の年齢を定める公職選挙法、成年年齢を定める民法その他の法令の規定について検討を加え、必要な法制上の措置を講ずるものとする。」と規定し、国に対して必要な検討、措置を行うよう義務付けたため、そのための専門組織が必要になったからである。

　年齢条項見直し検討委員会は、内閣官房副長官（事務方）を委員長とし、各府省庁の事務次官級のメンバーで構成されている。同年 5 月 17 日（法律公布日の前日）に初会合を開き、現在まで計 7 回、会合を開いている。[24]

　見直しの対象となる法令の数は、表 6 - 1 のとおり、検討を重ねるにつれ、徐々に増えていった。2014 年 4 月 1 日現在では、法律 212 本、政令 37 本、府省令 99 本の計 348 本であることを公表している。立法動向に従って、見直し対象となる法令数は常に変動している。

表 6 - 1　対象となる法令の数

（回次）	（年月日）	法律	政令	府省令	総計
第 2 回	2007 年 11 月 1 日	191	40	77	308
第 4 回	2010 年 4 月 20 日	196	34	88	318
第 5 回	2012 年 2 月 24 日	204	37	97	338

　年齢条項見直し検討委員会は現在、頻繁に開催されている状況にはない。今後、成年年齢、少年法適用対象年齢の 18 歳引き下げに目途が立てば、その実質的な役割を終えると見込まれる。

(2) 成年年齢に関する特命委員会（自由民主党）

　18 歳選挙権法案 [船田元議員外 7 名提出・第 189 回国会衆法第 5 号] が衆議院に提出されたこと等の事情を踏まえ、2015 年 3 月 5 日、自由民主党政務調査会に「成年年齢に関する特命委員会」が設置された。成年年齢特命委員会は同年 4 月 14 日、初会合を開いた

---

24)　第 2 回（2007 年 11 月 1 日）、第 3 回（2009 年 2 月 12 日）、第 4 回（2010 年 4 月 20 日）、第 5 回（2012 年 2 月 24 日）、第 6 回（2013 年 6 月 5 日）、および第 7 回（2013 年 10 月 18 日）という開催経過をたどっている。

後、衆議院法制局、政府、学識経験者等からのヒアリング会合を重ね、同年9月10日には「成年年齢に関する提言」を取りまとめた（政務調査会名での提言公表は、翌週17日[25]）。

　提言は主として、①成年年齢、少年法適用対象年齢その他の法定年齢の引き下げ、②見直しの対象とならない法律（年齢条項）の整理に関して、年齢条項見直し検討委員会の議論をフォローしつつ、今後の法整備の方向性を決め、その幅を枠付ける内容で構成されている。

　成年年齢特命委員会は、現在も活動中である。今後、成年年齢、少年法適用対象年齢の18歳引き下げに関する法整備に際し、政府の検討状況をチェックするなど、政務調査会における他の部会を補完する役割が期待される。

25）　自由民主党政務調査会「成年年齢に関する提言」（2015年9月17日）http://jimin.ncss.nifty.com/ pdf/news/policy/130566_1.pdf（アクセス日：2018年2月1日）。

第 7 章　国民投票権年齢

南部義典

第7章のポイント

1. 国民投票法〔平成19年5月18／日法律第51号〕は、どのような理由で国民投票権年齢を18歳以上と定めたのか。
2. 国民投票法の制定時には、選挙権年齢、成年年齢その他の法定年齢の見直しを、どのようなスケジュールで進めようとしていたのか。
3. 2.のスケジュールが破たんした結果、国民投票権年齢はなぜ、確定しない状態に陥ったのか。
4. 改正国民投票法〔平成26年6月20／日法律第75号〕では、なぜ、20歳国民投票権を採用することにしたのか。選挙権年齢、成年年齢その他の法定年齢の見直しに関して、再びどのようなスケジュールを設定したのか。
5. 18歳国民投票権は、いつ実現するのか。その際、18歳、19歳の者による国民投票犯罪に関して、少年法の適用をどう整理すべきか。

1.　国民投票権年齢をめぐる憲法解釈と立法の経過

　国民投票権年齢とは、憲法改正国民投票（憲法第96条）の有権者としての資格を得る年齢である。選挙権年齢、成年年齢などの法定年齢に比べると、国会における議論の歴史は浅いものの、混乱（立法上の事故）が重なり、複雑な経過をたどってきている。第7章では、国民投票権年齢に関する立法の経過を明らかにしつつ、現状の諸課題について解説する。

(1) 憲法第96条の解釈

　まず、憲法改正国民投票の制度を定める憲法第96条が、国民投票権年齢をどのように規定しているのか（いないのか）、確認しておきたい。

> 憲法
>
> （憲法改正の発議、国民投票及び公布）
>
> 第 96 条　この憲法の改正は、各議院の総議員の 3 分の 2 以上の賛成で、国会が、これを発議し、国民に提案してその承認を経なければならない。この承認には、特別の国民投票又は国会の定める選挙の際行はれる投票において、その過半数の賛成を必要とする。
>
> 2　憲法改正について前項の承認を経たときは、天皇は、国民の名で、この憲法と一体を成すものとして、直ちにこれを公布する。（下線：筆者）

憲法第 96 条はその条文のとおり、国民投票権年齢に関して「○○歳以上」などと具体的に示していない。国民投票権年齢は、法律（国民投票法）で別に定められるべき事項の一つである。

もっとも、第 1 項の後段部分は、国民投票が「特別の」ものとして（国政選挙とは別の期日に）行われる場合を想定し、選挙権年齢と異なる年齢を定めることができる可能性を含みつつ、他方、「国会の定める選挙の際」と、国政選挙と国民投票が同一の期日に行われる場合にも言及し、選挙権年齢と一致すべきことを要請しているとも解される。

いずれにせよ、国民投票権年齢を何歳以上とするかは、憲法が制定されて以来、立法政策上の主要論点と位置付けられていたのである。

(2) 自治庁案の作成と頓挫

国民投票法の整備に向けた検討はまず、国会ではなく、政府内で始まっている。検討を行っていた選挙制度調査会（第 3 次）は 1952 年 12 月 2 日、「日本国憲法の改正に関する国民投票制度要綱」を吉田茂首相に答申した。自治庁はその内容を踏まえ、「日本国憲法改正国民投票法案」（自治庁案）を作成し、翌53 年 2 月 11 日、その内容を公表している。

法案第 5 条は、「衆議院議員の選挙権を有する者は、国民投票の投票権を有する。」と、国民投票権年齢は選挙権年齢と同じ 20 歳以上（当時）とすること

と定めていた（20歳国民投票権の採用）。立案に当たった金丸三郎・自治庁選挙部長は、「普通選挙の制度が憲法上保障せられ、成人男女に平等に選挙権が付与された今日、投票権は、国会議員の選挙権と同一にすることが当然すぎるほど当然だといってよかろう。」と評していた。[1]

　しかし、政府は、国民投票法を整備することが「憲法改正即時断行」と誤解されるおそれがあるとして、政治的判断として法案の国会提出を見送った（1953年2月13日）[2]。法案内容の公表の、わずか2日後のことである。法案提出の頓挫が政治的に重い後遺症となり、その後50年以上にわたって、国民投票法の整備を議論すること自体がタブー視されるようになってしまったのである。

（3）衆議院における与野党の合意形成と破談

　国民投票法整備の機運が再び高まったのは、戦後60年に当たる2005年を迎えてのことであった[3]。同年4月15日、衆議院憲法調査会（中山太郎会長）が5年間にわたる調査結果を公表した『衆議院憲法調査会報告書』の中で、「(国民投票法を) 早急に整備すべきであるとする意見が多く述べられた」と意見集約したことが、法整備の政治的環境を整えるとともに、その実質的な議論の出発点となったのである[4]。

　郵政解散・総選挙を経た第163回国会（特別会）の召集日（2005年9月21日）、衆議院には、憲法調査会の後継組織となる日本国憲法に関する調査特別委員会が設けられ、国民投票権年齢をはじめとする法制上の論点について、各党間の

1)　金丸三郎（1953）「日本国憲法改正国民投票制度について（一）」『自治研究』第29巻第4号、第一法規、7頁。
2)　『朝日新聞』1953年2月13日付け夕刊。
3)　厳密には、衆議院憲法調査会報告書の公表をにらんで、与党（自由民主党、公明党）は2004年12月3日、「日本国憲法改正国民投票法案骨子（案）」をまとめ、その中で、投票権者は国政選挙と一致させるべきであると「20歳国民投票権」の方針を固めていたが、その後まもなく、この骨子（案）を棚上げしており、本章ではあえて言及していない。第163回国会衆議院日本国憲法に関する調査特別委員会議録第2号（平成17年10月6日）2頁（保岡興治議員）。
　　他方、民主党は2005年4月25日、「憲法改正国民投票制に係る論点とりまとめ案」を公表し、その中ですでに「原則＝18歳国民投票権、例外＝16歳国民投票権」の方針を打ち立てていた。
4)　衆議院憲法調査会（2005）『衆議院憲法調査会報告書』468頁。

合意形成が始まった[5]。当時の特筆すべき事情としては、2005 年 11 月、憲法調査特別委員会の与野党メンバーが、オーストリア、スロバキア、スイス、スペインおよびフランスの 5 か国の国民投票制度の視察に赴いたことのほか、2006 年 3 月から 5 月にかけて、同委員会の理事懇談会の場で、国民投票法制の論点整理が精力的に行われたこと（計 7 回、9 時間 24 分）が挙げられる[6]。

　国民投票法は、法律という形式である以上、「議員の数の力」を背景に与党単独で成立させることも不可能ではなかった。しかし、国の最高法規（憲法第 98 条第 1 項）である憲法の改正に関する手続法であり、国民主権主義に直結するという法律の重要な性格を踏まえ、理事懇談会に臨んだ与野党メンバーは、党派性（政治色）が染み付くことがないよう、全会一致に近い形での法整備を追求した。与野党が国民投票法案を共同提出することを暗黙の了解とし、期限を区切ることなく合意形成を進めていたのである。

　しかし、このような共同歩調路線を脇に置いて、与野党双方で国民投票法の整備を政局化させようとする策動が収まりきらず、国民投票法案を共同提出する構想はいったん、破談になってしまった。その結果、2006 年 5 月 26 日、与党（自由民主党、公明党）案[7]と野党（民主党）案[8]が別々に、衆議院に提出されるに至った。

(4) 与党案と野党案を併合する修正案の提出、成立

　国民投票権年齢に関し、与党案第 3 条は「日本国民で年齢満 20 年以上の者は、国民投票の投票権を有する。」と、20 歳国民投票権を定めていたのに対し、野党案第 3 条第 1 項は「日本国民で年齢満 18 年以上の者は、国民投票の投票権を有する。」とし、さらに同条第 2 項では「前項の規定にかかわらず、国会の議決により、当該国民投票に限り、日本国民で年齢満 16 年以上満 18 年未満の者も国民投票の投票権を有するものとすることができる。」と、18 歳国民

---

5)　参議院には、第 166 回国会（常会）の召集日（2007 年 1 月 25 日）に設置された。

6)　南部義典（2007）『Q&A 解説・憲法改正国民投票法』現代人文社、18 頁。

7)　日本国憲法の改正手続に関する法律案（保岡興治議員外 5 名提出、第 164 回国会衆法第 30 号）。

8)　日本国憲法の改正及び国政における重要な問題に係る案件の発議手続及び国民投票に関する法律案（枝野幸男議員外 3 名提出、第 164 回国会衆法第 31 号）。

投票権を原則としつつ、発議案件によっては、16 歳国民投票権を可能とする制度設計を構想していた。法案提出の時点で、与党案（20 歳以上）と野党案（原則＝ 18 歳以上、例外＝ 16 歳以上）の相違対立が浮き彫りになっていた。

　もっとも、条文上の相違対立があったとはいえ、野党案の提出者が、憲法改正の効力が長期間にわたって生じることから、できるだけ若い世代が国民投票に参加する必要があるとして、18 歳国民投票権の意義を主張した一方[9]、与党案の提出者も、18 歳国民投票権を完全否定することはなく、成年年齢などとの整合性が関わる「将来の課題」であるとし、その実現可能性には含みを持たせていた[10]。

　国民投票権年齢はしばらく、与党案と野党案の対立論点の一つになっていたところ、第 165 回国会（臨時会、2006 年 9 月 26 日召集）における衆議院憲法調査特別委員会の議論を通じ、双方の歩み寄りが実現した[11]。すなわち、与党側は、同委員会が視察を行った前記 5 か国でいずれも 18 歳国民投票権が採用されていたこと[12]に加え、それがすでに世界の趨勢になっていることを踏まえ、与党案を修正し、18 歳国民投票権を採用する方針を明言した。他方、野党側は、例外措置としての 16 歳国民投票権を撤回し、例外のない 18 歳国民投票権を採用する方針を明らかにした。

　第 166 回国会（常会、2007 年 1 月 25 日召集）に入り、与野党間で法案の修正案を共同提出する動きも復活したが、再び政局化の策動が起こり、その動きは結実しなかった[13]。最終的には、自由民主党および公明党が 2007 年 3 月 27 日、与党案と野党案を併合して修正する案（与党併合修正案）を提出し[14]、その中で、

9）　第 165 回国会衆議院日本国憲法に関する調査特別委員会議録第 3 号（平成 19 年 10 月 26 日）2-3 頁（園田康博議員）。

10）　第 165 回国会衆議院日本国憲法に関する調査特別委員会議録第 3 号（平成 19 年 10 月 26 日）4 頁（保岡興治議員）。

11）　第 164 回国会衆議院日本国憲法に関する調査特別委員会議録第 9 号（平成 18 年 12 月 14 日）14 頁（船田元議員）および同号 15 頁（枝野幸男議員）。

12）　衆議院（2006）『衆議院欧州各国国民投票制度調査議員団報告書』8-9 頁。なお、オーストリアでは、2007 年 6 月、国民投票権年齢、選挙権年齢を 16 歳以上に引き下げる法整備を行った。

13）　中山太郎（2008）『実録 憲法改正国民投票への道』中央公論新社、136-156 頁。

14）　議案を併合することは、修正の範囲内である（当時の衆議院先例第 283 号）。衆議院事務局（2003）『平成 15 年版 衆議院先例集』344 頁。

両案を一本化した形で 18 歳国民投票権を採用した。[15)] 与党案第 3 条、野党案第 3 条は、与党併合修正案第 3 条「日本国民で年齢満 18 年以上の者は、国民投票の投票権を有する。」という、現行の規定に改められたのである。

　与党併合修正案は 2007 年 4 月 13 日、衆議院で可決し、5 月 14 日、参議院で可決、成立した。成立した国民投票法は同年 5 月 18 日に公布され〔法律第51号〕、3 年後の 2010 年 5 月 18 日に全面施行された。

2.　国民投票権年齢の不確定問題と 2014 年改正の射程

(1) 18 歳国民投票権を実現する前提条件

　国民投票法は前節のような経過で成立したが、同法（の本則）第 3 条が定める 18 歳国民投票権は単独先行で実現させるものではなく、次に示す附則第 3 条（現在は削除）の規定に従い、選挙権年齢（当時 20 歳以上）、成年年齢（20 歳）その他の法定年齢の 18 歳引き下げを行うことが前提条件となっていた。

国民投票法

（法制上の措置）

附則第 3 条　国は、この法律が施行されるまでの間に、年齢満 18 年以上満 20 年未満の者が国政選挙に参加することができること等となるよう、選挙権を有する者の年齢を定める公職選挙法、成年年齢を定める民法（明治 29 年法律第 89 号）その他の法令の規定について検討を加え、必要な法制上の措置を講ずるものとする。

2　前項の法制上の措置が講ぜられ、年齢満 18 年以上満 20 年未満の者が国政選挙に参加すること等ができるまでの間、第 3 条、第 22 条第 1 項、第 35 条及び第 36 条第 1 項の規定の適用については、これらの規定中「満 18 年以上」とあるのは、「満 20 年以上」とする。（下線：筆者）

　条文の見出しは、「法制上の措置」となっている。本条は、図 6－1 で示し

---

15)　修正案は、保岡興治議員外 3 名提出による。

たとおり、「18歳成人の制度改革」を核心部分とする年齢条項の見直しの根拠規定という位置付けである。

　第1項の「この法律が施行されるまでの間」は、法制上の措置の期限を示すものである。この点、附則第1条本文は、国民投票法の施行期日に関して「この法律は、公布の日から起算して3年を経過した日から施行する。」という内容を定めているところ、実際の法律公布日は2007年5月18日となった。従って、全面施行日は2010年5月18日となり、法制上の措置の期限は、その前日である2010年5月17日ということになる[16]。

　「年齢満18年以上満20年未満の者が国政選挙に参加することができること等となるよう」の部分は、法制上の措置の目的を定めている。ここに、18歳選挙権の実現が含まれることは明らかであるとともに、さらに、「等」の中にどのような目的を含めるかは、立法政策上の判断となる。

　対象となる法令の範囲であるが、具体的な名称が挙がっている公職選挙法、民法は当然、含まれる。「その他の法令」をどこまで含めるかは、前記の目的をどのようにとらえるかに関わる。この点、法令名として公職選挙法が挙がったのは、国政選挙と国民投票は、いずれも国民主権の現れとして共通の基盤に立っており、諸外国の例を見ても、選挙権年齢と国民投票権年齢は同じ政治参加の権利年齢としてほとんど一致しているからである[17]。また、民法が挙がったのは、第8章で詳しく解説するが、1945年、選挙権年齢が25歳以上から20歳以上に引き下げられた際、個人に要求される民法上の判断能力と参政権の判断能力とは一であるべきとする立法者の判断（政府見解）が示された経緯があり、国民投票権と選挙権は同じ参政権であることから、国民投票権年齢（＝選挙権年齢）に合わせて、成年年齢を一致させる必要性が認められるからである[18]。

　第2項は、第1項に定める法制上の措置が講ぜられ、18歳選挙権などが実

---

16)　第183回国会衆議院憲法審査会議録第11号（平成25年6月6日）1頁（橘幸信衆議院法制局法制企画調整部長）。

17)　第165回国会衆議院日本国憲法に関する調査特別委員会議録第8号（平成18年12月7日）36頁（船田元議員）。

18)　第166回国会衆議院日本国憲法に関する調査特別委員会議録第5号（平成19年4月12日）12頁（保岡興治議員）。

現する（18 歳選挙権法などが施行される）までの間、本則第 3 条が定める 18 歳
国民投票権は、20 歳国民投票権と読み替えられるという経過措置の規定であ
る。第 1 項が定める法整備期間（2007 年 5 月 18 日～ 2010 年 5 月 17 日）におい
て公職選挙法などの改正をしても、その改正法が公布されてから施行されるま
で、一定の周知期間が置かれる。その施行日は、法整備期間中に収まる可能性
もゼロではないが、通常はむしろ期限（2010 年 5 月 18 日）を超えてしまうこと
が想定される。そこで、2010 年 5 月 18 日以後、当該改正法の施行日までの間
は、20 歳国民投票権とし、これらの法定年齢が相互不一致になることを避け
ることとしたのである。この件は文章だけでは分かりづらいので、図 7－1 で
そのイメージを示す。

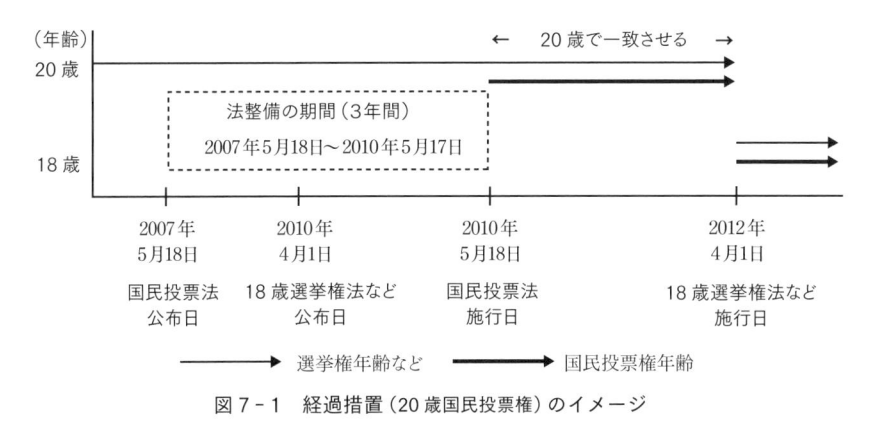

図 7－1　経過措置（20 歳国民投票権）のイメージ

　あえて大雑把な例を挙げるが、選挙権年齢、成年年齢等に関して法制上の措
置が講じられた結果、18 歳選挙権法（改正公職選挙法）、18 歳成年法（改正民法）
等が 2010 年 4 月 1 日、一斉に公布され、2 年後の 2012 年 4 月 1 日、一斉に
施行されるとする。この例において、国民投票法の施行日である 2010 年 5 月
18 日に 18 歳国民投票権としてしまうと、その時点では 20 歳選挙権、20 歳成
年のままであり、これらの法定年齢が相互不一致になってしまう。そこで、経
過措置として、18 歳選挙権法などの公布日の前日（2012 年 3 月 31 日）までは
20 歳国民投票権とし、2012 年 4 月 1 日を迎えれば、18 歳選挙権、18 歳成年
などと揃って、18 歳国民投票権を実現するという工程を想定していたのであ

[19]
る（この例はあくまでイメージにすぎない）。

　この意味で、附則第3条第2項の規定は、18歳国民投票権にとってのストッパー（車止め）とイメージすることができる。国会は、18歳国民投票権を実現するために、附則第3条第1項の前提条件が成就したか否かを適切に判断し、ストッパーを外す（同条項を削除する）必要があった[20]。この点、国民投票法案（与党併合修正案）の提出者は、公職選挙法、民法の改正が行われていることが、ストッパーを外すための必要最低限の条件と考えていたところである[21]。

（2）国民投票権年齢「不確定問題」の発生

　周知のとおり、附則第3条の規定にもかかわらず、国民投票法が公布された後、施行されるまでの3年の法整備期間において、18歳選挙権法などの整備は何一つ行われなかった。その期間中は、内閣官房の年齢条項見直し検討委員会の立ち上げと見直し対象法令の整理（第6章）、成年年齢引き下げに関する法制審議会の答申（2009年10月28日）といった動きがみられたにとどまる。

　3年の法整備期間中、法制上の措置「義務」に違反した、明らかな立法不作為があったことは言うまでもないが、その結果、図7−1のようなシミュレーションが成り立たなくなったことが最大の問題である。国民投票権年齢は2010年5月18日以後、18歳以上とも、20歳以上とも、確定しない状態に陥ったのである（国民投票権年齢に関する「不確定問題」の発生）。

　この点、18歳選挙権法などの整備が行われなくても（18歳国民投票権の前提条件が成就しなくても）、附則第3条第2項による20歳国民投票権の読み替え（経過措置）を行い、年齢不確定という不合理を避けることができたのではないか、とも考えられそうである。しかし、法文上、そのような解釈は許されな

---

19)　実際には、18歳選挙権法、18歳成年法等の施行時期が異なるので、ストッパーを外すには、相当難儀な政治判断が求められたであろう。

20)　第166回国会衆議院日本国憲法に関する調査特別委員会議録第4号（平成19年3月29日）9頁（船田元議員）、第180回国会参議院憲法審査会会議録第1号（平成24年2月15日）5頁（船田元参考人）。

21)　第166回国会衆議院日本国憲法に関する調査特別委員会議録第4号（平成19年3月29日）9頁（船田元議員）、同会議録第5号（平成19年4月12日）11頁（船田元議員）。他方、公職選挙法の改正のみで足りるとする答弁もみられた。

い。附則第 3 条第 2 項は、「前項の措置が講ぜられ」という文言で始まっている。つまり、あくまで、前提条件が成就した場合の読み替えであって、それが充たされない場合の想定を含めた規定ではない。国民投票権年齢が確定しないというのは、立法担当者にとって、まさに想定外の事態となってしまった。[22]

　国民投票権年齢の不確定問題を回避できなかった事情としては、何より、国民投票法制を所管する衆議院、参議院の憲法審査会が当時始動しておらず、政府による附則第 3 条第 1 項の検討状況（不作為）を監視し、是正することができなかった点を指摘できる。[23] 憲法審査会は、国民投票法の公布後、初めて召集される第 167 回国会（臨時会）の召集日（2007 年 8 月 7 日）に形式上は設置されたものの、[24] その組織、運営等の細目を定める「憲法審査会規程」の議決が行われなかったために、実質的な活動に入ることができていなかった。[25] 政府は、憲法審査会を始動させられない国会の足元を見ながら、法整備に向けた具体的な動きを休止させていたとともに、国会は、そのような政府の態度（不作為）を黙認するがごとく、相互にデッドロックに陥っていたのである。

(3) 2014 年改正による、暫定的な問題解決

　国民投票権年齢は 2010 年 5 月 18 日（国民投票法の全面施行日）以後、18 歳以上なのか、20 歳以上なのか、いずれにも確定しない状態に陥った。国民投票権年齢が確定しないのでは当然、憲法改正国民投票を執行することはできず、憲法改正論議を停滞させる間接的な原因となり続ける。衆議院、参議院の憲法審査会は、2011 年 10 月 20 日に召集された第 179 回国会（臨時会）にようやく始動したが、与野党においては、国民投票法の改正を視野に入れ、国民投票権年齢を法的に確定させることが最優先課題として認識されるようになった。年齢不確定の原因は附則第 3 条の規定に他ならない（同条を残せば、その

22）　南部義典（2014）「第 185 回国会における国民投票法改正の議論と今後の法制上の課題」『憲法論叢』第 20 号、関西憲法研究会、10 頁。

23）　国会法第 102 条の 6。

24）　国民投票法附則第 1 条ただし書。

25）　衆議院憲法審査会規程は 2009 年 6 月 11 日に、参議院憲法審査会規程は 2011 年 5 月 18 日に、各々議決された。

分、年齢不確定問題が続いてしまう）ことから、同条を削除し、国民投票権年齢をどのように定めるべきか、議論を仕切り直すことになったのである。

　国民投票法の改正に向けた具体的な議論は、第 185 回国会（臨時会、2013 年 10 月 15 日召集）から始まった。自由民主党内では当初、一切のストッパーを外した状態で 18 歳国民投票権を先行確定し、18 歳選挙権、18 歳成年などを後追いで実現させる案が固まったが（10 月 18 日案[26]）、これらの法定年齢が一定期間不統一になる点について異論が噴出し、いったんは 20 歳国民投票権で確定させ、18 歳選挙権などと同時に 18 歳国民投票権を実現させるというストッパー付きの、附則第 3 条と同様の工程を辿る案が了承された（11 月 7 日案[27]）。

　しかし、連立与党の相方である公明党からは、11 月 7 日案は 18 歳国民投票権の実現を再び先送りさせる内容であるとの批判が強まり、最終的には、同案を修正し、改正国民投票法の施行から 4 年後に、自動的に 18 歳国民投票権を実現するものとし（ストッパーは付さない）、それまでの間に 18 歳選挙権、18 歳成年などを実現させる案で意見集約がなされた（12 月 6 日案＝連立与党案）。

　この連立与党案をベースに、7 党（自由民主党、公明党、民主党、日本維新の会、みんなの党、結いの党および生活の党）で調整を行った結果、合意が整い、改正国民投票法案（日本国憲法の改正手続に関する法律の一部を改正する法律案）[28]〔船田元議員外 7 名提出・第 186 回国会衆法第 14 号〕が 2014 年 4 月 3 日、衆議院に提出された。法案は、2014 年 6 月 13 日、参議院本会議で可決、成立し、翌週 20 日に公布、同日施行された〔法律第 75 号〕。

（4）18 歳選挙権との均衡

　改正国民投票法の附則中、法定年齢に関係する規定を確認しておく。

```
改正国民投票法
（経過措置）
```

---

26)　南部（2014）19-20 頁。
27)　南部（2014）29-31 頁。
28)　日本維新の会は、18 歳国民投票権を先行確定させる等の内容の改正国民投票法案を提出していたが〔馬場伸幸議員外 3 名提出・第 183 回国会衆法第 14 号〕、後に撤回された（2014 年 4 月 10 日）。

> 附則第 2 項　この法律の施行後 4 年を経過するまでの間にその期日がある国民投票（日本国憲法の改正手続に関する法律第 1 条に規定する国民投票をいう。）に係る同法第 3 条、第 22 条第 1 項、第 35 条及び第 36 条第 1 項の規定の適用については、これらの規定中「満 18 年以上」とあるのは、「満 20 年以上」とする。
>
> （法制上の措置）
>
> 附則第 3 項　国は、この法律の施行後速やかに、年齢満 18 年以上満 20 年未満の者が国政選挙に参加することができること等となるよう、国民投票の投票権を有する者の年齢と選挙権を有する者の年齢との均衡等を勘案し、公職選挙法（昭和 25 年法律第 100 号）、民法（明治 29 年法律第 89 号）その他の法令の規定について検討を加え、必要な法制上の措置を講ずるものとする。（下線：筆者）

　2010 年 5 月 18 日以後、不確定となっていた国民投票権年齢は、改正国民投票法の公布、同日施行（2014 年 6 月 20 日）によって、20 歳以上と確定し、現在に至っている。附則第 2 項の規定により、施行から 4 年が経過した日、すなわち、2018 年 6 月 21 日には、何の前提条件もなく 18 歳国民投票権が実現する仕組みとなっている。同時に、附則第 2 項および第 3 項は、18 歳選挙権等の実現に関する、新たな法整備期間（2014 年 6 月 21 日〜 2018 年 6 月 20 日）を想定している。

　さらに、前記法案の提出に賛成した 8 党（前記の 7 党および新党改革）は 2014 年 4 月 3 日、その提出に先立って、次のような確認書を交わしていた。[29]

> 8 党確認書
>
> （選挙権年齢の先行引下げ）
>
> 1　選挙権年齢については、改正法施行後 2 年以内に 18 歳に引き下げることを目指し、各党間でプロジェクトチームを設置することとする。

---

29)　第 186 回国会衆議院憲法審査会議録第 2 号（平成 26 年 4 月 17 日）2 頁（船田元議員）。法的拘束力は認められないが、公党間の約束文書として一定の効力を有する。

　　また、改正法施行後 4 年を待たずに選挙権年齢が 18 歳に引き下げら
　れた場合には、これと同時に、憲法改正国民投票の投票権年齢について
　も 18 歳に引き下げる措置を講ずることとする。

2 〜 5（略）

（出典）衆議院憲法審査会事務局（2014）『（衆憲資第 89 号）日本国憲法の改正手続に関する法律の一部
を改正する法律案（船田元君外 7 名提出、第 186 回国会衆法第 14 号）に関する参考資料』4 頁。〈項目 1〉
の見出しは筆者が付した。

　確認書〈項目 1〉前段は、改正国民投票法が施行された後 2 年以内に、18
歳選挙権を実現することを目指す、とある。当時の事情として、2016 年夏に
第 24 回参議院議員通常選挙が予定されていたことから、18 歳選挙権をそれに
間に合わせることが共通認識となっていた。[30] 改正国民投票法の施行は 2014 年
6 月 20 日であったことから、2016 年 6 月 20 日を 18 歳選挙権実現の期限とす
る合意が確認されていたことになる（プロジェクトチームの経過などは、第 8 章で
解説する）。

　また、〈項目 1〉後段は、改正国民投票法の施行後 4 年（2018 年 6 月 20 日）
を待たずに 18 歳選挙権が実現した場合には、2018 年 6 月 21 日を以て 18 歳国
民投票権とする附則第 2 項の規定にかかわらず、それと同時に 18 歳国民投票
権を実現させる、という内容になっている。具体的には、18 歳選挙権法の施
行に合わせた、改正国民投票法の附則第 2 項を削除する内容の、国民投票法の
「再改正」を想定していた。2018 年 6 月 20 日まで 20 歳国民投票権とする経過
措置を定める同項を削除すれば、国民投票法（の本則）第 3 条が定める 18 歳
国民投票権がそのまま適用になるからである。[31]

　以上をまとめると、改正国民投票法附則第 2 項および第 3 項、確認書〈項
目 1〉が想定した工程は、図 7 - 2 のとおりである。

---

30)　第 186 回国会衆議院憲法審査会議録第 5 号（平成 26 年 5 月 8 日）22 頁、25 頁（船田元議員）。

31)　南部義典（2015）「第一次国民投票法改正―立法過程と改正法施行後の法制整備の動向」『法政治
　　研究』創刊号、関西法政治研究会、159 頁。

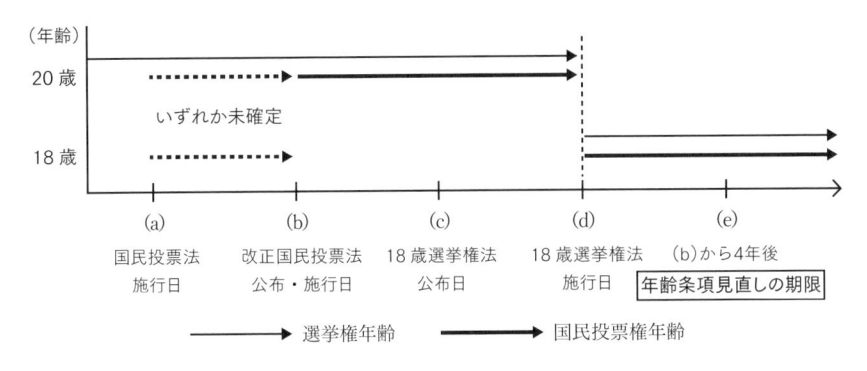

図7-2　8党が想定した、国民投票権年齢と選挙権年齢の推移

3.　国民投票権年齢をめぐる現状と課題

　改正国民投票法の施行によって、いったんは確定した国民投票権年齢であるが、なお、下記の課題を残している。

(1) 18歳国民投票権の前倒し実現

　図7-2の工程上、本稿執筆の2018年2月現在は（d）18歳選挙権法の施行日（2016年6月19日）から（e）改正国民投票法の施行後4年（2018年6月20日）への途上にある。本来であれば、（d）18歳選挙権法の施行を受けて、すでに18歳国民投票権が実現していなければならない。

　しかし、18歳選挙権法を整備した際、政治的な事情も絡んで、改正国民投票法の附則第2項を削除する旨の一文は加えられなかった。同項が残っているため、18歳選挙権は実現していても、20歳国民投票権が続くという、確認書〈項目1〉後段の内容に反する状態が続いている。同種の参政権でありながら、国民投票権と選挙権とで、その権利年齢に2歳の較差が生じているという、比較法的にも看過し難い、矛盾を抱えた制度となっている。可及的速やかに、改正法附則2項を削除する旨、国民投票法の「再改正」を行う必要がある。

　もっとも、2018年6月21日を迎えれば、18歳国民投票権が自動的に実現することから、この較差、矛盾は自然と解消することになる。今となっては、

この選択肢も、政治的には排除されない。

(2) 国民投票犯罪をめぐる、少年法の適用関係

　（1）との関連で、18歳国民投票権が実現する際（遅くとも 2018 年 6 月 21 日）には、国民投票犯罪に関して少年法適用対象年齢との関係を整理する必要が生じる。

　国民投票法は、①組織的多数人買収及び利害誘導罪（第 109 条）、②投票の自由、平穏を害する罪（第 111 条〜第 117 条）、③投票手続に関する罪（第 118 条〜第 121 条）と、国民投票犯罪に関する罰則規定を置いている。この点、18 歳国民投票権が実現した後、18 歳、19 歳の者がこれらの国民投票犯罪にコミットした場合、刑事法制上どのように評価するか（刑罰か、保護処分か）、少年法との適用関係が問題となる。18 歳を以て国民投票権を付与する一方、その関係犯罪にコミットした者を「少年」と扱うのでは、18 歳、19 歳の者に対する法的評価が二分することとなり、その妥当性が問われることになるからである。

　18 歳、19 歳の者による国民投票犯罪に関しては、国民投票法を改正し、(1) 少年法の適用を除外する旨の規定を置く（成人の刑事事件として扱う）、(2) 検察官送致決定に関する特例規定を置く、のいずれかの措置を講ずる方針を確定させる必要がある。理論上は、18 歳国民投票権の実現に合わせて、少年法適用対象年齢が 18 歳に引き下げられれば、このような法的不整合の問題は生じない。冒頭に触れた、少年法改正のタイミングを見据え、議論を整理する必要がある（第 10 章で改めて解説する）。

第 ⑧ 章　選挙権年齢

南部義典

第8章のポイント

1. 衆議院議員選挙法の改正 〔昭和20年12月 17日法律第42号〕によって完全な普通選挙制が実現した際、選挙権年齢はなぜ、25歳以上から20歳以上へと引き下げられたのか。
2. 国民投票法は、18歳選挙権の実現に関し、どのようなスケジュールを想定していたのか。
3. 各党が参加した選挙権年齢に関するプロジェクトチーム（2014〜15年）では、どのような議論が行われたのか。また、最大の対立論点は何だったのか。
4. 18歳選挙権法の整備の際、選挙権年齢に合わせてどのような法定年齢が引き下げられたのか。また、引き下げの対象とならなかった法定年齢は存在するのか。
5. 被選挙権年齢の引き下げなど、残されている課題は何か。

1．明治期における選挙権の資格要件

　選挙権年齢に関する立法史は、普選運動の歴史とも大きく重なる。明治期、大日本帝国憲法が制定される以前から、国会開設（1890年）に向けた自由民権運動の一環として[2]、すでに普選運動の端緒がみられた。

　しかし、貴族院は別にして、衆議院議員の選挙制度は、一定以上の納税額、財力を資格要件とする「制限選挙制」がその始まりとなった。衆議院議員選挙

---

1)　字義どおり、普通選挙制を要求する運動である。狭義には、選挙権の資格要件として一定以上の納税額、財力を要求しない選挙を意味し、広義には、人種、言語、職業、身分、宗教、政治的信条、性別などを選挙権の要件としない選挙を意味する。

2)　国会の開設は、北海道開拓使官有物払下げ事件に端を発する「明治14年の政変」の中、自由民権運動に対する政府の一定の譲歩として決定した。

法〔明治22年2月11日法律第3号〕は当初、直接国税 15 円以上を納める 25 歳以上の男子に限定し、選挙権を与える旨を定めていた（第 6 条第 1 号、第 3 号）。また、一度目の全面改正として制定された衆議院議員選挙法〔明治33年3月29日法律第73号〕では、納税要件が直接国税 10 円以上に引き下げられたものの（第 8 条第 1 号、第 3 号）、年齢要件はそのまま維持された。前記、明治22年法の起草段階では、府県会規則〔明治11年7月22日 太政官布告第18号〕第 14 条[3]を参考に 20 歳以上という年齢要件が検討されていたが、大日本帝国憲法の起草にも携わった井上毅、H・ロエスレルの意見を踏まえ、25 歳以上に引き上げられた経緯がある[4]。

　普選運動は、時代的な特徴や浮沈がみられる。明治期においては、普通選挙期成同盟会の結成[5]を中心とする有力指導者による普選運動が興隆したものの、末期にはいったん衰退している。それが大正期に入ると、労働者をはじめとす

表 8-1　選挙権の資格要件の推移

年代	内閣	有権者数	対総人口割合	選挙権の資格を得る要件
1889（明治 22）年	黒田 清隆	45 万人	1.1%	直接国税 15 円以上を納める 25 歳以上の男子
1900（明治 33）年	山県 有朋	98 万人	2.2%	直接国税 10 円以上を納める 25 歳以上の男子
1919（大正 8）年	原　敬	310 万人	5.5%	直接国税 3 円以上を納める 25 歳以上の男子
1925（大正 14）年	加藤 高明	1,240 万人	20.0%	25 歳以上の男子
1945（昭和 20）年	幣原喜重郎	3,688 万人	48.7%	20 歳以上の者（※婦人参政権の実現）
2016（平成 28）年	安倍 晋三	10,660 万人	84.0%	18 歳以上の者

出典：筆者作成

---

3)　同条は「議員ヲ選挙スルヲ得ヘキ者ハ満二十歳以上ノ男子ニシテ其郡区内ニ本籍ヲ定メ其府県内ニ於テ地租五円以上ヲ納ル者ニ限ルヘシ」と規定していた（旧字体は適宜改めた）。

4)　ロエスレルは、「選挙人タルノ制限ハ年齢ノ一事ヲ除クノ外ハ其他総テ狭隘ニ過ギタル方法ナルガ如シ。而シテ予ハ年齢ヲ二十歳ト定ムルコトヲ以テ甚ダ十分ナラズト思考。何トナレバ二十歳ノ頃ニ於テハ人民ハ未ダ政治上ノ責任ヲ執行スルニ熟達シタリト云フヲ得ず。且ツ未ダ生計上確定シタル地位ヲ得ルモノニ非ザレバナリ。」と述べている。伊藤博文編（1934）『秘書類纂 帝国議会資料 上巻』秘書類纂刊行会、30 頁。

5)　大井憲太郎が東洋自由党を組織し、その内部に普通選挙期成同盟会を設けたことを皮切りに（1892 年）、中村太八郎らが松本（長野県）で普通選挙同盟会を組織し（1897 年）、河野広中らが東京で普通選挙期成同盟会を組織し（1899 年）、普選運動が推進された。

る幅広い市民の大衆運動としての性格が強くなっていった。吉野作造が「民本主義[6]」を主張したことを契機に普選運動は再興を果たし、大正末期には、「普選断行」をスローガンに掲げた護憲三派（憲政会、政友会および革新倶楽部）内閣が誕生し、二度目の全面改正となる衆議院議員選挙法（いわゆる普通選挙法）〔大正14年5月 5日法律第47号〕の制定に結実した。この普通選挙法において、納税要件は完全に廃止され、25歳以上の男子に対して一律に、選挙権が付与されている（第5条第1項）。

2．戦後における20歳選挙権の実現

(1) GHQ指令に基づく、衆議院議員選挙法の改正

　1925年5月、25歳以上の男子を有資格者とした、狭い意味での普通選挙制が実現した。さらに戦後、日本国憲法制定の直前期に当たるが、連合国軍最高司令官総司令部（GHQ）の指令に基づき、衆議院議員選挙法の改正が行われ、女性参政権の実現を含む、広い意味での普通選挙制が実現している。まず、この経緯を掘り下げていく。

　政府は1945年11月27日、衆議院議員選挙法中改正法律案を帝国議会に提出した[7]。内務大臣の堀切善次郎が衆議院の委員会に出席し、法律案の趣旨説明、答弁を行っている。本来、衆議院議員選挙法の全面改正を志向すべきであったところ、堀切は、来たる第1回衆議院議員総選挙の執行に間に合わせるべく、「事態の進展に即応（し）、…已むをえない若干の改正に止める」という立案の方針を前置きしている[8]。そして、選挙権年齢を25歳から20歳へと引き下げる理由を、次のように説明している。

---

6)　吉野作造（1916）「憲政の本義を説いて其有終の美を済すの途を論ず」『中央公論』大正5年1月号、243-256頁。

7)　現在の法形式における「一部改正法」である。

8)　法案の趣旨説明に当たった堀切善次郎内務大臣は、「今回の改正は新事態の要請する最も緊要と認められる根本問題を骨子と致しまして、之に伴ふ已むを得ない若干の改正を行ふに止めることを立案の方針と致しまして、選挙法の全面に亘つて詳細なる研究を遂げることは、時間の都合もあり之を他日に譲ることと致した次第であります」と述べている。第89回帝国議会衆議院衆議院議員選挙法中改正法律案外一件委員会議録第1号（昭和20年12月4日）1頁。

　　第一の選挙権及び被選挙権の拡張に付いては、選挙権の年齢を、25年より20年に、被選挙権の年齢を30年より25年に、それぞれ5年宛引下げますと共に、新たに女子に対しましても、男子と同一の条件を以て選挙権及び被選挙権を認めることに致した次第であります、教育文化の普及状況、一般民度の向上、殊に戦時中に於きましての社会経済的活動の実際に徴しまして、近時青年の知識能力著しく向上し、<u>満20年に達しました青年は、民法上の行為能力を十分に持つて居りますのみならず、国政参与の能力と責任観念とに於きましても、欠くる所がないものと存ぜられるのであります</u>、寧ろ是等の清新溌剌、純真熱烈なる青年有権者の選挙への参加に依りまして、選挙界の固著せる弊害を一新し、之に新日本建設の新しき政治力を形成する重要なる要素を加へることに相成るものと信じて居る次第であります、…

出典：第89回帝国議会衆議院衆議院議員選挙法中改正法律案外一件委員会議録第1号（昭和20年12月4日）2頁（堀切善次郎内務大臣）[9]。下線は筆者が付し、旧字体を適宜改めた。

　堀切はここで、民法上の成年に達し、行為能力[10]があると認められる者は、「国政参与の能力と責任観念」も「欠くる所がない」という判断、評価を示している。すなわち、私法上の取引で要求される判断能力と政治参加の上で要求される判断能力は等水準であることから、すでに施行されている民法第4条の規定に従って、選挙権年齢を20歳以上に合わせる旨を述べている。第7章でも触れた、堀切のこの答弁は、選挙権年齢と成年年齢は立法政策上一致すべきであるとする、その後の政府見解の基礎となり、頻回に引用されている。
　衆議院議員選挙法中改正法律[11]は、1945年12月17日に公布され〔法律第42号〕、最初の総選挙である1946年4月10日に施行された[12]。その後、衆議院議員選挙

---

9)　註8とともに表記が紛らわしいが、第89回帝国議会の衆議院における「衆議院議員選挙法中改正法律案外一件委員会」の会議録の意味である。

10)　「単独で、完全に、契約のようないわゆる法律行為ができる能力」と定義される。我妻栄／有泉亨／川井健（2008）『民法Ⅰ　総則・物権法（第三版）』勁草書房、35頁。

11)　註7に同じ。

12)　同法附則で「本法ハ次ノ総選挙ヨリ之ヲ施行ス」と定められていた。

法は、公職選挙法 ［昭和 25 年 4 月 15 日法律第 100 号］ の制定に伴い、廃止されている[13]。20 歳選挙権はそのまま、公職選挙法に継受された（旧第 9 条）。

(2) 成年者による普通選挙の保障（憲法第 15 条第 3 項）の意義

　戦後、大日本帝国憲法の全面改正という形式に則り、日本国憲法が制定された。普通選挙制に関しては新たに、第 15 条第 3 項「公務員の選挙については、成年者による普通選挙を保障する。」という規定が設けられた。本条項は、GHQ からの申し入れに基づく、貴族院段階での修正によるものである[14]。

　なお、憲法第 15 条第 3 項の解釈だけでは、選挙権年齢を具体的に確定させることはできない。「成年者」の意義に関して学説上は、①民法第 4 条の「成年」と同義に考えるべきとする説[15]と、②民法第 4 条の「成年」と同義に考える必要はないとする説[16]、がある。②の説に立てば当然、選挙権年齢を成年年齢よりも低く定めることが可能となるが、①の説に立っても、成年年齢以上の者に選挙権が保障されればよいとの解釈が許容されることから、選挙権年齢を成年年齢よりも低く定めることができる。先に述べたとおり、選挙権年齢と成年年齢は理論上一致しなければならないわけではないものの、政策上一致するのが望ましいというのが、現在の政府見解である[17]。

3．18 歳選挙権の立法経緯

(1) 少年法改正論議との連動、頓挫（1970 年代）

　第 6 章で確認したとおり、18 歳選挙権の実現に道筋が立つには、国民投票法 ［平成 19 年 5 月 18 日法律第 51 号］ の制定を待たなければならなかった。もっとも、それ以前に、

---

13)　公職選挙法の施行及びこれに伴う関係法令の整理等に関する法律 ［昭和 25 年 4 月 15 日法律第 101 号］ 第 1 条。

14)　佐藤達夫（佐藤功補訂）(1994)『日本国憲法成立史　第四巻』有斐閣、918-921 頁、938 頁。第 90 回帝国議会貴族院帝国憲法改正案特別委員会小委員会筆記要旨（昭和 21 年 9 月 28 日）1 頁（金森徳次郎国務大臣）。

15)　阿部照哉／初宿正典／池田正章／戸松秀典 (1995)『憲法 (3) 基本的人権 II（第 3 版）』有斐閣、186 頁。

16)　佐藤功 (1983)『ポケット註釈全書　憲法（上）新版』有斐閣、260 頁。

17)　第 186 回国会参議院憲法審査会会議録第 6 号（平成 26 年 6 月 2 日）16 頁（谷垣禎一法務大臣、新藤義孝総務大臣）。

国会、政府において立法化を試みる動きが全く無かったわけではない。

　第 10 章 3（1）で触れるが、1970 年 6 月、小林武治法務大臣（当時）が、「青年層」の導入（手続上、18 歳以上 20 歳未満の者を青年とし、少年とも成人とも異なる扱いをする）等を含む少年法の改正を法制審議会に諮問したことを契機に、政府内で選挙権年齢引き下げの検討が進められたことがある[18]。ちょうど、欧米各国が、18 歳選挙権を導入した時期とも重なる。

　しかし、「民法その他の法体系全般との関連も十分考慮しなければならない」点や、「最近の世論調査の結果では、世論の動向は必ずしも選挙権年齢の引き下げを積極的に肯定しているとは見られない」ことを理由に、結局、法整備は見送られている[19]。

(2) 民主党の議員立法による提案（2000 年代初期）

　民主党（2000 〜 16 年）は、18 歳選挙権の実現等を含む「成年年齢の引下げ等に関する法律案」を過去に提出している。議員立法として、①枝野幸男議員外 3 名提出・第 150 回国会衆法第 7 号（2000 年 10 月 26 日）、②角田義一議員外 2 名提出・第 150 回国会参法第 15 号（2000 年 11 月 27 日）、および③島聡議員外 2 名提出・第 155 回国会衆法第 9 号（2002 年 12 月 6 日）の 3 本が提出された[20]。民法が定める成年年齢、公職選挙法（地方自治法）が定める選挙権年齢、少年法における同法の適用対象年齢のいずれも、20 歳基準から 18 歳基準に引き下げることを内容としていた。しかし、法案提出の後、各議院の委員会における審査には至らず、いずれも廃案となっている。

　①から③までの系譜において、何より立法事実としての強度、優位性を保っていたのは、少年犯罪に対する厳罰化を求める議論（世論）であった。当時を

---

18)　第 63 回国会参議院公職選挙法改正に関する特別委員会会議録閉第 2 号（昭和 45 年 9 月 4 日）4 頁（秋田大助自治大臣）および第 64 回国会衆議院公職選挙法改正に関する特別委員会議録閉第 3 号（昭和 45 年 12 月 6 日）5 頁（同）。

19)　第 75 回国会参議院公職選挙法改正に関する特別委員会会議録第 6 号（昭和 50 年 6 月 20 日）6-7 頁（福田一自治大臣）。

20)　①から③までの法律が整備しようとする「18 歳選挙権法」の施行期日では、異同がみられた。①および②は、法律事項として「別に法律で定める日」と定める一方、③は政令委任事項として「公布の日から起算して 3 月を超えない範囲内において政令で定める日」と定めていた。

振り返るに、1999 年は、年長少年（18 歳、19 歳）による一般刑法犯検挙人員が 2 万 9309 人に達し、増加のピークを迎えていた。2000 年 5 月 3 日には、当時 17 歳の少年がバスをハイジャックした上、乗客 1 名を死亡させ、2 名を負傷させるという事件が発生している（西鉄バスジャック事件）。当時、少年法改正論議は不可避の時代状況であった。①〜③の法律案は題名上「成年年齢の引下げ等」という括りになっているが、立法の必要性（緊急性）のレベルで少年法の改正が、その許容性のレベルで、民法、公職選挙法（および地方自治法）の改正が検討されていたのである。

(3) 国民投票法で求められた法整備とその経緯

　2007 年 5 月に制定された国民投票法は、18 歳国民投票権を無条件に、先行的に導入する立場を採らなかった。18 歳選挙権、18 歳成年などの実現を前提条件とし、国民投票法が全面施行されるまでの 3 年間（法整備期間、2007 年 5 月 18 日〜 2010 年 5 月 17 日）のうちに、18 歳選挙権法などを整備することを求めていた。しかし、法律上の期限であった 2010 年 5 月 17 日までに、それらの法整備が行われることはなく、期限を徒過してしまった。その結果、選挙権年齢は 20 歳以上のままで、国民投票権年齢は確定しないという問題が発生した。

　改正国民投票法〔平成 26 年 6 月 20 日法律第 75 号〕は、国民投票権年齢の不確定問題を法的に解決するべく、20 歳国民投票権をいったん確定させた。そして、前記の法整備を仕切り直す趣旨で、附則第 3 項において「国は、この法律の施行後速やかに、年齢満 18 年以上満 20 年未満の者が国政選挙に参加することができること等となるよう、国民投票の投票権を有する者の年齢と選挙権を有する者の年齢との均衡等を勘案し、公職選挙法、民法その他の法令の規定について検討を加え、必要な法制上の措置を講ずるものとする。」と定めたのである。この規定に関して、次の 2 点を確認しておく。

　まず、附則第 3 項には、国民投票権年齢と選挙権年齢との「均衡等を勘案し」という文言が出てくる。これは、国民投票権年齢が、改正法の施行によりいったんは 20 歳以上で確定するものの、施行後 4 年を経過した日には自動的に 18 歳以上に引き下げられることを踏まえ（附則第 2 項）、選挙権年齢の引き

下げも、それに遅れて、両年齢に較差、矛盾が生じることがないよう、必要な措置を講じなければならないという立法者意思が込められている[21]。

　また、附則第3項には、18歳選挙権をいつまでに実現するかという期限が定められていない。しかし、新たな法整備期間（2014年6月21日〜2018年6月20日）において法整備を必ず行うことを前提に、法案提出に合意した8党（自由民主党、公明党、民主党、日本維新の会、みんなの党、結いの党、生活の党および新党改革）による確認書〈項目1〉において、「選挙権年齢については、改正法施行後2年以内に18歳に引き下げることを目指し、各党間でプロジェクトチームを設置することとする。」と、「改正法施行後2年以内」という前倒しの期限を設けることで、8党の意見は一致していた。改正法案の提出者は、2016年夏に予定されていた参議院議員通常選挙に間に合わせることを前提に、18歳選挙権法の整備に向けて「精力的に議論する」と答弁していたところである[22]。

4．18歳選挙権PTにおける議論と法整備

　選挙権年齢に関するプロジェクトチーム（18歳選挙権PT）は、2014年6月19日に初会合を開いている。改正国民投票法が公布、施行される前日のことであった。自由民主党、公明党、民主党、日本維新の会、みんなの党、結いの党、生活の党および新党改革の8党に所属する議員15名が参加し、座長には、船田元議員（自由民主党）が互選された。

　第2回会合（2014年9月30日）においては、「選挙権年齢引下げに係る論点整理」がテーマとなり、①選挙権年齢の引き下げに関連するすべての法定年齢を一律に引き下げるのか、特別の考慮を要するものはあるのか（18歳選挙権法の射程範囲）、②選挙の公正確保の観点から、少年法の適用対象年齢についてどう考えるか（少年法適用対象年齢との関係整理）、③改正法施行までに必要な準備期間および周知期間をどのように考えるか（施行期日の設定）の3つに論点が集約され、議論が進められた。

　以下、①から③までに関してどのような検討がなされ、その結果、18歳選

21）　第186回国会衆議院憲法審査会議録第2号（平成26年4月17日）13頁（畠中光成議員）。
22）　第186回国会衆議院憲法審査会議録第5号（平成26年5月8日）22頁（船田元議員）。

挙権法〔平成27年6月 19日法律第43号〕にどのように反映されたのか、順に論じていく。

(1) 18 歳選挙権に連動する法定年齢

　第一に、選挙権年齢を 20 歳以上から 18 歳以上に引き下げるに当たり、表 8-2 のとおり、選挙権年齢を含む 38 の法定年齢（いずれも 20 歳基準）が検討の対象となった。法定年齢の規定ぶりとしては、A．「20 年」とする条項、B．「衆議院議員の選挙権」とする条項、C．当該選挙の選挙権とする条項、D．地方選挙の選挙権としている条項の 4 種類に分けられる。

表 8-2　選挙権年齢の引下げに関連する法定年齢

法律名	条項	内容	法定年齢の規定ぶり
公職選挙法	第 9 条第 1 項	国政選挙の選挙権年齢	A．「20 年」とする条項
	第 9 条第 2 項	地方選挙の選挙権年齢	
	第 21 条第 1 項	選挙人名簿の被登録資格	
	第 30 条の 4	在外選挙人名簿の被登録資格	
	第 30 条の 5	在外選挙人名簿の登録の申請	
	第 137 条の 2 第 1 項	未成年者の選挙運動の禁止*1	
	第 137 条の 2 第 2 項	未成年者を使った選挙運動の禁止	
地方自治法	第 18 条	地方選挙の選挙権年齢	
漁業法	第 87 条第 1 項第 1 号	海区漁業調整委員会の選挙の選挙権年齢	
		海区漁業調整委員会の選挙の被選挙権年齢	
農業委員会等に関する法律	第 8 条第 1 項	農業委員会の選挙の選挙権年齢	
		農業委員会の選挙の被選挙権年齢	
最高裁判所裁判官国民審査法	第 4 条	最高裁判所裁判官国民審査の審査権年齢	B．「衆議院議員の選挙権」とする条項
検察審査会法	第 4 条	検察審査員の選任資格	
裁判員の参加する刑事裁判に関する法律	第 13 条	裁判員の選任資格	
公職選挙法	第 37 条第 2 項	投票管理者の選任資格	C．当該選挙の選挙権とする条項
	第 49 条第 3 項	不在者投票の代理投票者の選任資格	
	第 61 条第 2 項	開票管理者の選任資格	

	第75条第3項	選挙長及び選挙分会長の選任資格	
	第76条	選挙立会人の選任資格	
地方自治法	第74条第1項	条例制定・改廃の請求者資格	D. 地方選挙の選挙権としている条項
	第75条第1項	事務監査請求の請求者資格	
	第76条第1項・第3項	地方議会の解散請求の請求者資格	
	第80条第1項・第3項	地方議会議員の解職請求の請求者資格	
	第81条第1項・第2項	地方公共団体の長の解職請求の請求者資格	
	第85条第1項	公職選挙法の規定の解職請求への準用	
	第86条第1項	副知事等の解職請求の請求者資格	
	第94条	町村総会の構成員	
	第182条第1項	選挙管理委員の選任資格	
	第252条の39第1項	個別外部監査契約に基づく監査の請求の請求者資格	
	第262条第1項	地方自治特別法住民投票の投票権年齢	
	第291条の5	広域連合の議会の議員、長の選挙権	
市町村の合併の特例に関する法律	第4条第1項・第14項、第5条第1項・第21項	合併協議会設置等の請求者資格・投票の資格	
住居表示に関する法律	第5条の2第2項	住居表示案に対する変更請求の請求者資格	
大都市地域における特別区の設置に関する法律	第7条第1項・第6項	特別区設置についての投票権年齢	
地方教育行政の組織及び運営に関する法律	第8条第1項	教育委員会委員の解職請求の請求者資格	
人権擁護委員法	第6条第3項	人権擁護委員の候補者資格	
民生委員法	第6条第1項	民生委員の被推薦者資格	

＊1　18歳以上の者の選挙運動が可能となった場合でも、20歳成年のままでは、不都合な事例が生じ得る。例えば、18歳の高校生が街頭演説の場所におけるビラ配りなどのボランティアを行う場合（無償ボランティアも契約である）、「親の同意」を求められると、結局、当事者単独の判断ではなし得ないということになり、選挙運動可能年齢の引き下げの効果を減殺してしまう。

出典：第2回選挙権年齢に関するプロジェクトチーム配付資料「選挙権年齢の引下げ関係の主な条項の規定振りの分類について（メモ）」を元に、筆者が整理した。

18 歳選挙権 PT において個別に精査が行われた結果、まず、A の法定年齢はすべて、「20 年」を「18 年」に引き下げることとした。また、B の 3 つの法定年齢のうち、最高裁判所裁判官国民審査の審査権年齢は選挙権年齢の引き下げに連動させるものの、検察審査員の選任資格、裁判員の選任資格は、選挙権年齢の引き下げとの連動を外し、当分の間、20 歳基準を維持することとした。さらに、C の 5 つの法定年齢はすべて、「20 年」を「18 年」に引き下げることとした。最後に、D の 18 の法定年齢については、人権擁護委員の候補者資格、民生委員の被推薦者資格について、選挙権年齢の引き下げとの連動を外し、当分の間「成年」に達したことを条件とすることとした。残り 16 の法定年齢は、選挙権年齢の引き下げに連動させることとした。

(2) 選挙犯罪に係る少年法の適用関係の整理

第二に、選挙権年齢が 18 歳以上に引き下げられることにより、少年法適用対象年齢（20 歳）と較差が生じることから、18 歳、19 歳の者による選挙犯罪に関する少年法の適用関係が論点となった。18 歳、19 歳の者が、公職選挙法の領域で完全な法的主体と扱われる一方で、買収罪（公職選挙法第 221 条）、選挙妨害罪（同法第 225 条）、詐偽投票罪（同法第 237 条第 1 項）など各種の選挙犯罪にコミットした場合に、少年法の適用下に置かれ、刑罰ではなく保護処分の対象となるのでは、法的な評価、扱いが一貫しなくなり、妥当ではないからである。公職選挙法固有の問題であるが、選挙犯罪の中には、一定の刑罰が確定することを条件に公民権の停止、連座制[23]の適用になるものがあり、保護処分では、この限りで均衡を失することになる。罰金刑では公民権の停止、連座制の適用にはならないものの、禁錮刑以上でこれらの対象になる選挙犯罪もある。また、公民権停止の期間は、罰金刑か、禁錮以上の刑かで、その長短に幅がある。

この論点に関してはまず、(1) 保護処分でも、公民権の停止、連座制を適用する案が議論になった。しかし、保護処分では、家庭裁判所において非行事実の認定がなされ、選挙の公正を害したことが認定されるとしても、その非行が

---

23)　公職選挙法第 251 条の 2 から第 251 条の 4 までに規定されている。

罰金刑相当のものか、禁錮以上の刑相当のものかまでは認定されないため、公民権の停止、連座制の適用を行うことは困難となる。加えて、保護処分の内容は非公開であるところ、公民権の停止を行うことになれば、選挙人名簿の登録の関係で市区町村の選挙管理委員会に通知しなければならなくなり、保護処分の秘匿性の関係で問題が生じる。これらの点が障碍となり、支持は拡がらなかった。

　次に、(2) 選挙犯罪に限って、少年法の適用を除外する案（一部適用除外案）が検討の俎上に載った。選挙犯罪に限って、18 歳、19 歳の者にも一律に刑罰を適用することとし、20 歳以上の者との均衡を保ち、悪質な選挙違反を防止することが狙いであった。しかし、この案に対しても、① 18 歳、19 歳の者がコミットした犯罪のうち、選挙犯罪の場合に限って少年に人格の可塑性がなく、刑罰による非難が可能との論理は成り立たず[24]、②重大な選挙犯罪に対しては、家庭裁判所における検察官送致（少年法第 20 条[25]）の運用により対応可能である、との反論が強く示され、意見の一致をみなかった。

　そこで、三番目の案として、(3) 選挙犯罪に係る少年法の運用に関し、(ア) 少年法の精神を踏まえるとともに、18 歳以上の者に選挙権が与えられ、選挙の公正確保に責任があることを考慮し、家庭裁判所に検察官送致の判断をすることを求めるとともに、(イ) 18 歳選挙権法の附則に、民法の成年年齢、少年法適用対象年齢の引き下げの法整備を速やかに行う旨を規定する案が示され、18 歳選挙権 PT としての意見が集約された。前段部分 (ア) については、第 10 章で解説する。

(3) 18 歳選挙権法の施行期日、地方選挙との関係

　第三に、18 歳選挙権法の施行期日をいつにするか、即ち、公布から施行までの周知、準備期間をどの程度設けるべきかが、論点となった。

---

24)　例えば、道路交通犯罪の場合が該当する。10 代の運転者が、自動車運転死傷行為処罰法〔平成 25 年 11 月 27 日 法律第 86 号〕に規定する罪を犯した場合でも、少年法の適用は除外されない。

25)　同条項は「家庭裁判所は、死刑、懲役又は禁錮に当たる罪の事件について、調査の結果、その罪質及び情状に照らして刑事処分を相当と認めるときは、決定をもって、これを管轄地方裁判所に対応する検察庁の検察官に送致しなければならない。」と規定する。

　この点は、8 党確認書〈項目 1〉で、改正国民投票法の施行後 2 年以内に 18
歳選挙権を実現することが確認されていたところ、新たに選挙権を付与される
こととなる年齢層への周知のほか、国民全体への周知、市区町村における選挙
人名簿管理システム、投票管理システム等の改修に、最低 1 年を要すると、当
時見込まれていた。

　また、最初に適用される国政選挙については、任期が確定している参議院議
員の通常選挙（2016 年 7 月）、衆議院の解散に伴う総選挙などの具体の日程と
の関係をどのように整理するかが問題となったが、次回の参議院議員通常選挙
から適用する方向で、意見の一致をみた。

　さらに、地方選挙（議員、長）との関係では、国政選挙と同時に 18 歳選挙権
を実現する旨、合意が整った。

（4）18 歳選挙権法案の提出と成立

　第 4 回会合（2014 年 11 月 6 日）では、「選挙権年齢の引下げに伴う論点に対
する座長取りまとめ（船田座長試案）」が、前記（1）から（3）までの意見集約
内容を確認する形で提示され、了承された。そして同年 11 月 19 日、18 歳選
挙権法案（公職選挙法等の一部を改正する法律案）〔船田元議員外 7 名提出・第 187 回国会衆法第 21 号〕が、提出さ
れた。衆議院の解散によって、一度廃案になったが、第 189 回国会（常会、
2015 年 1 月 26 日召集）において、同一の内容で再提出されている〔第 189 回 国会衆法第 5 号〕
（2015 年 3 月 5 日）。

　（1）の内容は、法案第 1 条（公職選挙法の一部改正）から第 4 条（農業委員会
等に関する法律の一部改正）まで、および附則第 7 条（検察審査会法の適用の特例）
から第 10 条（裁判員の参加する刑事裁判に関する法律の適用の特例）までに[26]、（2）
の内容は、附則第 5 条（選挙犯罪等についての少年法の特例）、第 6 条（少年法の
特例に関する経過措置）および第 11 条（法制上の措置）に、（3）の内容は、附則
第 1 条（施行期日）に、それぞれ反映されている。

　18 歳選挙権法案は 2015 年 5 月 27 日、衆議院で実質的に審議入りし、6 月

---

26)　18 歳選挙権法により、34 の法定年齢が 18 歳基準に引き下げられたことになる。

17 日、参議院本会議で可決、成立した。法案成立の 2 日後に、公布された〔平成27年6月19日法律第43号〕。

（5）18 歳選挙権法成立後の動き

18 歳選挙権法が成立した後も、18 歳選挙権 PT は、政府が進める主権者教育についての説明聴取を受けたりするなど、活動を重ねてきたが、2018 年 2 月現在、休止状態にある。元々、18 歳選挙権 PT は、その次に控える民法、少年法の改正に関する政党間協議の枠組みに発展することが期待されていたが[27]、その目途は立っていない。

5．今後の課題

（1）被選挙権年齢の引き下げ

被選挙権年齢（公職選挙法第 10 条、地方自治法第 19 条）は、年齢条項見直しの議論の中で、副次的論点としての扱いが続いてきたが、選挙権年齢の引き下げが一段落したことを踏まえ、今後、立法政策上の優先度は高くなる。選挙制度は各国さまざまであるところ、25 歳（衆議院議員、都道府県議会議員、市区町村議会議員および市区村長）、30 歳（参議院議員、都道府県知事）という被選挙権年齢は、比較法的にみても高い基準にある。

18 歳選挙権の実現により、衆議院議員の被選挙権年齢との較差は 7 歳となった。この点、二院制を採用する主要国の下院の選挙制度についてみると、選挙権年齢と被選挙権年齢との 5 歳以上の較差を許容する例は、アメリカ、フランス、イタリアの 3 国と、わずかに止まる。18 歳選挙権法案の審査過程では、「選挙権年齢、被選挙権年齢をいたずらに近づける、あるいは近づけ過ぎる、あるいは一致させるということについては、私は余り賛成できません。一定の差があってしかるべきだと思っております。」と、法案提出者による消極的な答弁がみられたものの[28]、各国では、選挙権年齢に合わせて、被選挙権年齢も 18 歳

27）　註 22、同頁（船田元議員）。

28）　第 189 回国会参議院政治倫理の確立及び選挙制度に関する特別委員会会議録第 4 号（平成 27 年 6 月 15 日）8 頁（船田元議員）。

以上とする制度が主流であることを、ここで改めて想起する必要がある。

　もっとも日本では、被選挙権年齢を一気に18歳以上に引き下げることは世論の支持が得られにくいことから、22歳以上、20歳以上と、段階的に引き下げていくのが現実的な選択肢であると考えられる[29]。

　なお、被選挙権の行使は法理上、（私法上の）行為能力を備えていることが前提となることから、民法が定める成年年齢よりも低く設定することはできない[30]。特定の選挙に立候補し、選挙運動を遂行すること、その他の政治活動を行う上では当然、売買、賃貸借等の契約を、親の同意なく単独で行うことが可能でなければならない。

（2）3か月居住要件の撤廃

　公職選挙法第9条第1項は、「日本国民で年齢満18年以上の者は、衆議院議員及び参議院議員の選挙権を有する。」と、第2項は、「日本国民たる年齢満18年以上の者で引き続き3箇月以上市町村の区域内に住所を有する者は、その属する地方公共団体の議会の議員及び長の選挙権を有する。」と定めている。一見すると、国政選挙は年齢要件のみ定められ、地方選挙では年齢要件に加えて、3か月居住要件が課されていると解される。

　しかし、実務の上では、国政選挙も地方選挙も、市区町村が調製する選挙人名簿は共通の様式である。その登録は、18歳以上の者でその住民票が作成された日から3か月以上住民基本台帳に記録されている者について行われる（公職選挙法第21条第1項）。

　この点、国政選挙にも3か月居住要件を運用上課すことについて、「選挙事務の適正かつ能率的な執行や、選挙人名簿の正確性の確保の観点から、一定の合理性が認められる」との国会答弁がみられる[31]。

29)　南部義典（2017）「18歳選挙権・18歳成人の法律論」『18歳選挙権と市民教育ハンドブック（補訂版）』開発教育協会、17頁。

30)　南部義典（2017）「ロー・アングル　緊急提論　国民投票法制が残す課題（最終回・第3回）年齢条項見直しのロードマップ」『法学セミナー』749号、日本評論社、49頁。

31)　第190回国会衆議院政治倫理の確立及び公職選挙法改正に関する特別委員会議録第2号（平成28年1月20日）3頁（北側一雄議員）。2003（平成14）年2月5日の京都地方裁判所判決（平成13年(ワ)

　さらに、18 歳選挙権法に合わせて、公職選挙法の一部を改正する法律（選挙人名簿の登録制度の改正法）〔平成 28 年 2 月 3 日法律第 8 号〕が施行されている[32]。これは、選挙人名簿の登録制度を改正して、旧住所地における住民票の登録期間が 3 カ月以上であり、そのまま住み続けていれば旧住所地において選挙人名簿へ登録されたであろう者で選挙人名簿に未登録の者について、転出直後の定時登録、選挙時登録の際に、旧住所地において選挙人名簿への登録を行うこととするものである（公職選挙法第 21 条第 2 項）。具体的には、旧住所地における住民票の登録期間が 3 カ月以上である 18 歳以上の者が選挙人名簿に登録される前に転出をし、新住所地における住民票の登録期間が 3 カ月未満である場合、旧住所地で登録し、選挙権の行使を可能とする内容である。

　しかし、一定の合理性が認められ、前記のような法的救済が担保されているとしても、選挙人の「固有の権利」（憲法第 15 条第 3 項）を行使する機会を可及的に保障し、その便宜を徹底する観点から、国政選挙については、国民投票法のスキームに準じ、居住要件そのものを廃止すべきである。例えば、参議院の比例代表選出議員選挙をイメージすれば、居住要件の必要性が乏しいことは容易に想像していただけるだろう。名簿調製の実務に与える影響について詳細な検討を踏まえ、早期に立法措置を講ずべきである。

---

　395 号国家賠償請求事件）と同旨である。

32)　総務省「公職選挙法改正（選挙人名簿の登録制度の改正法）概要」http://www.soumu.go.jp/main_content/000457615.pdf（アクセス日：2018 年 2 月 1 日）。

第 9 章　成年年齢

南部義典

第 9 章のポイント

1. 成年年齢は、いつ、どのような根拠に基づいて、20歳と定められたのか。
2. 国民投票法は、どのようなスケジュールで、18歳成年を実現しようとしていたのか。また、政府は現在に至るまで、どのような検討を行ってきたのか。
3. 成年年齢には、どのような法定年齢が連動しているのか。
4. 18歳成年法（民法の一部を改正する法律）は、いつ制定されるのか。民法の改正に合わせて、どのような法律改正が必要になるのか。
5. 女性の婚姻適齢の引き上げ（婚姻適齢の統一）は、なぜ必要なのか。

1．20歳成年が誕生した経緯とその意義

　成年年齢は、明治初期、近代法整備の黎明にあたる時期に制定された〔明治9年4月1日太政官布告第41号〕。その起源は太政官布告にまで遡り、現行民法〔明治29年4月27日法律第89号〕第4条に連なる、歴史の長い法定年齢である。一貫して20歳成年が維持され、現在なお、年齢法制の基幹的地位を占めている。本節で改めて、20歳成年の誕生の経緯を振り返る。

(1) 太政官布告を制定起源とする「成年年齢」

　政府が近代国家として具備すべき基本法制の立案を進める最中、1875（明治8）年11月24日、初代内務卿の大久保利通が太政大臣三条実美に対し「成丁年度之儀伺」を提議した。その内容は、政府は当時、成年に関する布告を行っていなかったところ、称徳天皇天平宝宇元年詔（757年）[1]、令儀解戸令（833年）[2]、フランス民法（1852年）、徴兵令（1873年）を参照しても、何歳が成丁年

であるのか明確でないので、早急に決定することを求めるものだった。

　内閣法制局は同年 12 月 10 日、元老院に対し、「新法制定」の高裁を仰いだ。その内容は、「丁年ノ制一定仰出サレス官民共不都合少カラス今マ各国ノ異同ヲ放案スルニ別表ノ通ニ有之候然ルニ凡ソ人民ノ生長ト才職ノ開発トハ各地ノ気候ト人種トニ因テ其遅速早晩ヲ同セス故ニ幼丁ヲ別ツ早ニ過ル時ハ人ノ子ヲ賊フノ患アリ晩ニ過クル時ハ其人ノ独立ト勉強トヲ妨害シ保護ノ道却テ束縛ノ具トナル今大宝令廿一為丁ト云ニ基キ<u>満廿歳以上ヲ以テ丁年ト定メ候テ可然哉</u>」というものであった（下線：筆者）。ここに「丁年」とは、現在でいう成年であるが、この時点で「満 20 歳以上」とする案が出されていたことになる。このとき添付された別表「各国丁年制度異同表」には、中国（唐制）が 20 歳、フランス、ロシア、ドイツ、イタリアが 21 歳、イギリス、アメリカが 22 歳、オランダが 23 歳、オーストリアが 24 歳、スペイン、ポルトガルが 25 歳と記載されていた。

　1876（明治 9）年 1 月 14 日、元老院の会議では、「今日ニシテハ暫ク満廿一年ヨリ満廿五年迄ト定メタシ夫レ各国ノ制モ各異同アリテ一定セサル故ニ凡ソ廿年ト定メントセルナラン然ルニ人生年齢何年ニ至レハ普通ノ公権ヲ有シ普通ノ義務ヲ負担セシメテ何程ノ権利ヲ与ヘテ至当ナルヤヲ先ツ考定セサルヘカラス然シテ後其年度ヲ制定スル当然ナリ」と、制定を先送りする意見も示された[3]が、「先ツ一般ノ制ヲ定メサルヘカラス是レ内務省ノ此伺アル所以ナリ」[4]、「皇朝ノ古ヘ中男ノ制アリ是租税ニテハ如此他ノ雑事ハ如此ト云ヘル制ヲ設ケテ事ノ遅速ニヨリ丁男ト中男トヲ分ケタリト見ユ今ヤ各国ノ制度ヲモ酌量シ満二十年ヲ以テ丁年トスルナレハ先ツ此制ヲ定メ後中男ノ制ヲモ定ルカタ可然ナリ」との意見が示され[5]、最終的に 20 歳を「丁年」とすることが議決された。

　元老院の議決を受けて、1876（明治 9）年 4 月 1 日、太政官布告第 41 号「自

---

1)　「令ヨリ以降宜ク十八ヲ以テ中男トナシ廿二以上ヲ以テ正丁ト為スヘシ」と定められていた。

2)　「男ハ廿一ヲ丁トナス」と定められていた。

3)　佐々木高行元老院議官の発言。元老院（1943）『元老院会議筆記　前期第一巻』明治法制経済史研究所、3 頁。

4)　陸奥宗光元老院議官の発言。註 3・同頁。

5)　福羽美静元老院議官の発言。註 3・同頁。

今満弐拾年ヲ以テ丁年ト相定候」が公布された。これが、20歳成年の起源である。

　その後、旧民法〔明治23年10月／7日法律第98号〕の第3条では「私権ノ行使ニ関スル成年ハ満二十年トス但法律ニ特別ノ規定アルトキハ此限ニ在ラス」と規定されていたが、民法典論争の下で未施行のまま、明治31年号外法律第9号（民法の第一次改正）により廃止された。そして、現行の民法〔明治29年4月／27日法律第28号〕の第3条が改めて「満二十年ヲ以テ成年トス」と定め、2004年12月の現代語化（民法の一部を改正する法律）〔平成16年12月／1日法律第147号〕によって、現行の第4条「年齢20歳をもって、成年とする。」という規定に引き継がれている。

　成年年齢が20歳と定められた理由は、太政官布告第41号までの経過をみても、必ずしも明らかではない。一般的には、旧民法が制定された当時の日本人の平均寿命や精神的な成熟度などを総合考慮したものと解されているが[6]、「科学的な説得力は感じられない」との批判もある[7]。

（2）成年年齢が有する意義

　成年年齢は、140年を超える歴史を有している。成年年齢の意義については現在、次のように整理されている。併せて、その引き下げに係る問題点を、簡潔に指摘しておく。

① 契約を一人ですることができる年齢

　成年に達した者（成年者）は、私法上、完全な行為能力者とみなされ、契約等の法律行為を単独で行うことができる。未成年者が、親権者等の法定代理人の同意を得ないで行った法律行為は、取り消すことができる（民法第5条第2項）。

　成年年齢を18歳に引き下げた場合には、18歳、19歳の者が悪徳業者から高額な商品を購入したようなケースであっても、成年者による契約として有効に成立し、未成年を理由に当該契約を取り消すことができなくなる。この意味で、18歳、19歳の者の消費者被害が拡大するおそれがある。

6）　谷口知平・石田喜久夫編（2002）『新版注釈民法（1）総則（1）〔改訂版〕』有斐閣、294頁。

7）　高梨俊一（2001）「20歳成年制の起源—明治初期の暦法・年齢計算・法定年齢」『日本大学司法研究所紀要』第13巻、日本大学司法研究所、89頁。

② 親権者の親権に服さなくなる年齢

未成年者は、父母の親権に服する（民法第818条第1項）。親権者には、子の監護および教育をする権利義務があり、子の居所を指定する権利を有している（同法第820条、821条等）。

成年年齢を引き下げた場合には、18歳、19歳の者の自立が促される面がある一方、自立に困難を抱える若年者にとっては、親権者からの保護を受けられなくなるなど、親の養育放棄を助長するおそれも高くなる。

2．成年年齢に連動する年齢条項

成年年齢に連動する年齢条項（最も広い意味で、成年、未成年、成年者、未成年者のいずれかの用語を条文中に含むもの）を有する法律の数は、256本に上る（2018年2月1日現在[8]）。内容的には以下、6つの分野に整理することができる。表9-1で、主な法律名を示す。

256本の法律は、特別な立法措置を講じない限り、18歳成年を実現する民法改正に自動的に連動する（18歳成年法に基づく包括改正）。もっとも、成年年齢に連動させて現行の20歳基準を18歳基準に引き下げるか否か、18歳成年法を整備する際、政策判断を介する余地も残されている。20歳基準を維持する場合には、当該法律を改正し、成年年齢との連動を外す必要が生じる。

表9-1　成年年齢に連動する年齢条項

（1）民法上の意思能力、行為能力の関係
○商法〔明治33年3月17日法律第67号〕第6条（未成年者の登記）
○戸籍法〔昭和22年12月22日第224号〕第21条第1項本文（分籍の登記）
○任意後見契約に関する法律〔平成11年12月8日法律第150号〕第4条第1項（任意後見監督人の選任）

---

8)　法務省は、自由民主党政務調査会成年年齢に関する特命委員会第3回会合（2015年4月28日）において、成年年齢に連動する法律の本数を155と報告している（2014年4月1日時点の、内閣総務官室作成資料を基礎に集計）。これは、未成年後見人など、行為無能力者保護に関する概念で、純粋な意味での成年、未成年概念ではない用語を含む法律の数を差し引いた値であると考えられる。

○後見登記等に関する法律〔平成11年12月 8日法律第152号〕第4条第1項（後見等の登記）

（2）健全育成の関係

○競馬法〔昭和23年7月13 日法律第158号〕第28条（勝馬投票券の購入等の禁止）

○自転車競技法〔昭和23年8月1 日法律第209号〕第9条（車券の購入等の禁止）

○小型自動車競走法〔昭和25年5月27 日法律第208号〕第13条（勝車投票券の購入等の禁止）

○モーターボート競争法〔昭和26年6月18 日法律第242号〕第12条（舟券の購入等の禁止）

（3）犯罪の構成要件、捜査等の関係

○刑法〔明治40年4月 24日法律第45号〕第224条（未成年者略取及び誘拐罪）

○私的独占の禁止及び公正取引の確保に関する法律〔昭和22年4月 14日法律第54号〕第109
条（責任者等の立会い）

○金融商品取引法〔昭和23年4月 13日法律第25号〕第217条（責任者の立会い）

（4）業務独占資格等の欠格事由の関係

○公認会計士法〔昭和23年7月6 日法律第103号〕第4条（欠格事由）

○医師法〔昭和23年7月30 日法律第201号〕第3条（欠格事由）

○司法書士法〔昭和25年5月22 日法律第197号〕第5条第2号（欠格事由）

○行政書士法〔昭和26年2月 22日法律第4号〕第2条の2第1号、第2号（欠格事由）

○社会保険労務士法〔昭和43年6月 3日法律第89号〕第5条（欠格事由）

（5）税制の関係

○国税犯則取締法〔明治33年3月 17日法律第67号〕第6条（捜索の立会人）

○地方税法〔昭和25年7月31 日法律第226号〕第24条の5第1項第2号（個人の道府県民税の非
課税の範囲）

○酒税法〔昭和28年2月 28日法律第6号〕第10条第3号（酒の製造免許等の付与条件）

○国税徴収法〔昭和34年4月20 日法律第147号〕第144条（捜索の立会人）

（6）民事事件、家事事件等の関係

○民事訴訟法〔平成8年6月26 日法律第109号〕第31条本文（未成年者の訴訟能力）

○人事訴訟法〔平成15年7月16 日法律第109号〕第31条（管轄の特例）

○非訟事件手続法〔平成23年5月 25日法律第51号〕第17条第1項（特別代理人）

○家事事件手続法〔平成23年5月 25日法律第52号〕第18条本文（未成年者の法定代理人）

3．国民投票法が想定した立法工程と政府の対応

（1）2007 年制定法、2014 年改正法の想定

　国民投票法〔平成 19 年 5 月 18 日法律第 51 号〕は、成年年齢を 18 歳に引き下げる 18 歳成年法に関し、18 歳選挙権法と区別なく、国に対してその整備を要求している。本来であれば、国民投票法が公布され、全面施行されるまでの 3 年間（法整備期間、2007 年 5 月 18 日～ 2010 年 5 月 17 日）に、18 歳成年法の整備は完了していなければならなかったが、18 歳選挙権法などと共に未整備のまま期限を徒過し、国民投票権年齢が確定しない状態に陥ったことは第 7 章で述べたとおりである。

　そして、改正国民投票法〔平成 26 年 6 月 20 日法律第 75 号〕の附則第 3 項で改めて、18 歳選挙権法、18 歳成年法などの整備を行うべき旨が明記された。この点、同条は法整備の期限を明記していない。選挙権年齢に関しては、8 党確認書〈項目 1〉の中で、「改正法施行後 2 年以内に 18 歳に引き下げることを目指し」とあり、実際、確認された内容に従って、18 歳選挙権法の整備は完了している。しかし、8 党確認書には、18 歳成年法の整備の期限に関する言及がない。18 歳選挙権法〔平成 27 年 6 月 19 日号外法律第 43 号〕の附則第 11 条も、具体的な期限を記さず、18 歳成年法、18 歳少年法などの整備を行うべきことを定めるにとどまる。

　もっとも、改正国民投票法案の提出者は、法案審査の過程で、新たな法整備期間（2014 年 6 月 21 日～ 2018 年 6 月 20 日）を念頭に、20 歳国民投票権の最終日である 2018 年 6 月 20 日を期限とし、内閣が 18 歳成年法案の提出機関となることを念頭に、整備を進めるべき旨、答弁している[9]。また、法案提出者は、18 歳成年法の整備に関して、18 歳選挙権法の取り組み姿勢とは若干のニュアンスの違いを示しており、改正国民投票法の施行後 4 年以内（2018 年 6 月 20 日）をめどに、「最大限の努力をする」と答弁するにとどまっている[10]。

　8 党確認書〈項目 1〉で言及のあった、選挙権年齢に関する「プロジェクトチーム」は、18 歳選挙権法の整備が一段落した後、18 歳成年法の整備に関す

9)　第 186 回国会衆議院憲法審査会議録第 4 号（平成 26 年 4 月 24 日）34 頁（船田元議員）。

10)　第 186 回国会衆議院憲法審査会議録第 5 号（平成 26 年 5 月 8 日）22 頁（船田元議員）。

る政党間協議を行う枠組みとして発展させることが意図されていた。[11] これらの点は、18歳選挙権法案の審査過程でも同義の答弁がなされていた。[12]

（2）法制審議会における議論の帰結

　一方、政府は、どのような対応を行ってきたのか。国民投票法が公布されて9カ月ほど経過した2008年2月13日、鳩山邦夫法務大臣は、法制審議会に対し、「若年者の精神的成熟度及び若年者の保護の在り方の観点から、民法の定める成年年齢を引き下げるべきか否か等について御意見を承りたい」とする諮問を行った（諮問第84号）。諮問を受けて、同年3月11日、法制審議会の下に「民法成年年齢部会」が設置され、議論が進められた。そして、2009年7月29日の第15回会合において、「民法の成年年齢の引下げについての最終報告書」を了承した。

　法制審議会第159回会議（2009年9月17日）では、最終報告書の内容に異議が示され、答申案は了承されなかったものの、[13] 第160回会議（同年10月28日）では了承に至り、「民法の成年年齢の引下げについての意見」を千葉景子法務大臣に答申している。[14] 以下、その全文である。

> 「民法の成年年齢の引下げについての意見」
> 　当審議会は、平成20年2月開催の第155回会議において、民法の成年年齢の引下げに関する諮問第84号を受け、機動的・集中的に審議を行う必要があるとして、専門の部会である民法成年年齢部会（部会長：鎌田薫早稲田大学教授）（以下「部会」という。）を設置し、部会での調査審議に基づき更に審議することとした。

---

11)　同上。現在、18歳成年に関するプロジェクトチームは立ち上がっていない。

12)　第189回国会衆議院政治倫理の確立及び公職選挙法改正に関する特別委員会議録第3号（平成27年5月28日）9-10頁（武正公一議員）。

13)　法制審議会第159回会議録（2009年9月17日）。http://www.moj.go.jp/content/000005077.pdf（アクセス日：2018年2月1日）。

14)　法制審議会第160回会議録（2009年10月28日）。http://www.moj.go.jp/content/000005081.pdf（アクセス日：2018年2月1日）。なお、答申には、民法成年年齢部会「民法の成年年齢の引下げについての最終報告書」（2009年7月29日、全39頁）が添付されている。

　そして、当審議会は、平成21年2月の第158回会議において、部会長から部会の調査審議の経過について説明（中間報告）を聴取し、また、同年9月の第159回会議において、部会長から、部会が取りまとめた別添「民法の成年年齢の引下げについての最終報告書」（以下「最終報告書」という。）に基づき、部会における調査審議の結果の報告を聴取した上、答申に向けて2回にわたり審議をするなど、合計4回にわたり審議を重ねた。

　審議の過程においては、最終報告書の結論を是とする意見のほか、民法の成年年齢引下げの法整備の時期が明確ではないのではないかとの意見や、多数の法令が関係している年齢条項の見直しに関する問題は、国民生活に大きな影響を及ぼすものであり、その検討状況を適時・適切に国民に開示するとともに、若年者やその親権者を含む国民に理解されるよう、国民的関心を高めるなど周知徹底に努めるべきではないか等の意見が出された。

　これらの意見を受け、議論の結果、以下のとおりの結論に至った（なお、婚姻年齢については、平成8年2月に答申済みである。）。

1　民法の定める成年年齢について

　民法が定める成年年齢を18歳に引き下げるのが適当である。

　ただし、現時点で引下げを行うと、消費者被害の拡大など様々な問題が生じるおそれがあるため、引下げの法整備を行うには、若年者の自立を促すような施策や消費者被害の拡大のおそれ等の問題点の解決に資する施策が実現されることが必要である。

　民法の定める成年年齢を18歳に引き下げる法整備を行う具体的時期については、関係施策の効果等の若年者を中心とする国民への浸透の程度やそれについての国民の意識を踏まえた、国会の判断に委ねるのが相当である。

2　養子をとることができる年齢（養親年齢）について

　養子をとることができる年齢（養親年齢）については、民法の成年年齢を引き下げる場合であっても、現状維持（20歳）とすべきである。

（下線：筆者）

　答申は「成年年齢を 18 歳に引き下げるのが適当である」としつつも、①若年者の自立を促す施策、②消費者被害の拡大を解決する施策、の二つを実現することが必要である、と述べている。この二つは、18 歳成年を実現するための、法的な前提条件になるというのが政府見解である[15]。

　政府はさらに、この点に関連して、18 歳選挙権法の整備を先行させ、成年年齢の引き下げに向けた国民の意識を醸成した上で、国民の理解が得られた後に、成年年齢を引き下げることが「一つの有力な選択肢」である旨、答弁を行ったこともある（選挙権年齢と成年年齢の同時引き下げの否定[16]）。

（3）「前提条件」の整備に向けた施策

　18 歳成年法の整備の前提条件を成就させるため、政府では以下のような施策が進められている。表 9 - 2 で掲げる施策の進捗状況などを踏まえ、18 歳成年法の整備の時期が、適切に判断される必要がある。

表 9 - 2　成年年齢引下げのための環境整備施策[17]

①子ども・若者育成支援施策（内閣府）
②法教育の推進（法務省）
③若年者に対する税の啓発活動（財務省）
④消費者教育推進事業（文部科学省）
⑤学校教育における消費者教育等の推進（文部科学省）
⑥学校における金融知識等普及施策（金融庁）
⑦消費者教育用副教材の作成（消費者庁）
⑧消費者教育ポータルサイト（消費者庁）
⑨消費者教育推進会議（消費者庁）

　消費者委員会（内閣府）は 2016 年 1 月、「成年年齢引下げ対応検討ワーキン

15）　第 186 回国会衆議院憲法審査会議録第 4 号（平成 26 年 4 月 24 日）4 頁（萩本修政府参考人）。
16）　第 180 回国会衆議院憲法審査会議録第 1 号（平成 24 年 2 月 23 日）3 頁（原優政府参考人）。
17）　第 180 回国会第 1 回衆議院憲法審査会（平成 24 年 2 月 23 日）における、同名の内閣官房配付資料をもとに、筆者が施策項目のみを抜粋した。http://www.shugiin.go.jp/internet/itdb_kenpou.nsf/html/kenpou/120223kannbou-siryou3.pdf/$File/120223kannbou-siryou3.pdf（アクセス日：2018 年 2 月 1 日）。

グ・グループ」を設置した。民法の成年年齢が引き下げられた場合、新たに成年となる者の消費者被害の防止・救済のための対応策について検討することが目的である。2017 年 1 月に公表した「報告書」では[18]、①消費者契約法〔平成 12 年 5 月 12 日 法律第 61 号〕を改正し、若年成人に対する配慮に努める義務を事業者に課すこと、事業者による不当勧誘に対する取消権を付与すること、②連鎖販売取引[19]において若年成人の判断力の不足に乗じて契約を締結させる行為、訪問販売において若年成人の知識・判断力等の不足に乗じて契約を締結させる行為を、行政処分の対象として明確化することなどを、望ましい制度整備として挙げている[20]。

4.　民法以外に改正を要する法律

前節までは、民法についてのみ論じてきたが、成年年齢が 18 歳に引き下げられる場合、自動的に連動する年齢条項を有する法律ではないものの、その立法趣旨、法的整合性を考慮すると、同時に改正すべきものがある。次の①から⑧までの法律はいずれも、形式的な規定の整理などが必要になる。政府において検討中のものを除き、改正前（現行）と改正後の法定年齢を、それぞれ整理しておく。

①国籍法〔昭和 25 年 5 月 4 日法律第 147 号〕

第一に、日本人の父母に認知された子が、法務大臣への届出により日本国籍を取得するための年齢要件が、成年年齢と同じ趣旨で 20 歳未満であることが定められている（第 3 条第 1 項）。

第二に、外国人が帰化することができる年齢要件が、成年年齢と同じ趣旨で 20 歳未満であることが定められている（第 5 条第 1 項第 2 号）。

第三に、外国の国籍を有する日本国民（重国籍者）は、外国および日本の国籍を有することとなったときが、20 歳に達する以前であるときは 22 歳に達す

---

18)　消費者委員会「成年年齢引下げ対応検討ワーキング・グループ報告書」http://www.cao.go.jp/consumer/kabusoshiki/seinen/index.html（アクセス日：2018 年 2 月 1 日）。
19)　特定商取引に関する法律〔昭和 51 年 6 月 4 日法律第 57 号〕第 33 条第 1 項に定義されるものをいう。
20)　それぞれ、特定商取引に関する法律施行規則〔昭和 51 年 6 月 4 日通商産業省令第 57 号〕第 31 条第 6 号、第 7 条第 2 号の改正を要する。

るまでに、その時が 20 歳に達した後であるときは、その時から 2 年以内に、いずれかの国籍を選択しなければならないと定められている（第 14 条第 1 項）。成年に達した時以降、2 年間の熟慮期間を与える趣旨である。

　第四に、国籍の留保をすることなく日本国籍を失った者が、法務大臣への届出により日本国籍を再取得するための年齢要件が、成年年齢と同じ趣旨で 20 歳未満であることが定められている（第 17 条）。

	改正前	改正後
第 3 条	20 歳未満のもの	18 歳未満のもの
第 5 条第 1 項第 2 号	20 歳以上で本国法によって行為能力を有すること	18 歳以上で本国法によって行為能力を有すること
第 14 条第 1 項	20 歳に達する（に達した）22 歳に達するまで	18 歳に達する（に達した）20 歳に達するまで
第 17 条	20 歳未満のもの	18 歳未満のもの

②性同一障害者の性別の取扱いの特例に関する法律〔平成15年7月16日法律第111号〕

　性同一性障害者が、家庭裁判所に性別の取扱いの変更の審判を請求するための年齢要件は、成年年齢を前提に「20 歳以上であること」と定められている。

	改正前	改正後
第 3 条第 1 項第 1 号	20 歳以上であること	18 歳以上であること

③旅券法〔昭和26年11月28日法律第267号〕

　有効期間を 10 年とする一般旅券の制度を導入した際（1995 年）、20 歳未満の者は、10 年の有効期間中に容貌が著しく変化するため、短い有効期間（5 年）の旅券を発給することが適当とされた。

	改正前	改正後
第 5 条第 1 項第 2 号	20 歳未満の者である場合	18 歳未満の者である場合

④児童福祉法〔昭和22年12月12日法律第164号〕

　児童相談所長は、児童または児童以外の満 20 歳に満たない者の親権者に係る親権喪失、親権停止もしくは管理権喪失の審判の請求等を行うことができ

る。成年年齢が18歳に引き下げられると、18歳、19歳の子は、親権に服さなくなるので、規定を改める必要が生じる。

	改正前	改正後
第33条の7	児童又は児童以外の満20歳に満たない者	下線部を削除

　また、第31条第4項に「延長者の親権」という概念が出てくる。成年年齢が18歳に引き下げられると、「延長者の親権」という概念が無くなることから、規定を整理する必要が生じる。

⑤児童虐待の防止に関する法律〔平成12年5月24日法律第82号〕

　第16条第2項に「延長者の親権」という概念が出てくる。成年年齢が18歳に引き下げられると、「延長者の親権」という概念が無くなることから、規定を整理する必要が生じる。

⑥水先法〔昭和24年5月30日法律第121号〕

　水先人養成施設（第15条第1項第2号）、水先免許更新講習（第30条第1項第2号）の年齢要件として、成年年齢と同じ「20歳以上であること」が定められている。

	改正前	改正後
第15条第1項第2号イ	20歳以上であること。	18歳以上であること。
第30条第1項第2号イ	20歳以上であること。	18歳以上であること。

⑦船舶職員及び小型船舶操縦者法〔昭和26年4月16日法律第149号〕

　海技免許講習の講師の年齢要件として、成年年齢と同じ「20歳以上であること」が定められている。

	改正前	改正後
別表第一（第17条の2関係）	一　20歳以上であること。	一　18歳以上であること。

⑧恩給法等の一部を改正する法律〔昭和51年6月 3日法律第51号〕

普通扶助料（普通恩給の受給者の遺族に支給される恩給）に係る寡婦加算は、旧軍人等の妻に、18歳未満の子がある場合に付加されているが、18歳以上であっても、重度障害の子がある場合に付加される（扶助料年額加算特例）。

	改正前	改正後
第14条第1項第1号	扶養遺族である子（18歳以上20歳未満の子にあっては重度障害の状態にある者に限る。）が2人以上ある場合　26万7千5百円	下線部を削除

前記8本の法律以外、例えば、未成年者飲酒禁止法、未成年者喫煙禁止法、風俗営業等の規則及び業務の適正化等に関する法律、子ども・子育て支援法、母子及び父子並びに寡婦福祉法、道路交通法、国民年金法等が規定する年齢条項は、改正の対象とはならない（第11章で解説する）。

5．婚姻適齢の統一

民法

（婚姻適齢）

第731条　男は、18歳に、女は、16歳にならなければ、婚姻をすることができない。[21]

（未成年者の婚姻についての父母の同意）

第737条　未成年の子が婚姻をするには、父母の同意を得なければならない。

2　父母の一方が同意しないときは、他の一方の同意だけて足りる。父母の一方が知れないとき、死亡したとき、又はその意思を表示することができないときも、同様とする。

（婚姻による成年擬制）

---

[21]　民法の制定時には男性17歳、女性15歳であったが、民法の一部を改正する法律〔昭和22年12月 22日法律第222号〕により1歳ずつ引き上げられた。

> 第753条　未成年者が婚姻をしたときは、これによって成年に達したもの
> とみなす。

（1）女性の婚姻適齢の 18 歳引き上げの必要性

　成年年齢と婚姻適齢（婚姻可能年齢）とは、一見して無関係のようであるが、18 歳成年を実現する場合には、婚姻適齢を男女ともに 18 歳に統一する（男性の婚姻適齢はそのままに、女性の婚姻適齢を 18 歳に引き上げる）必要が生ずる。その理由、背景は、以下の 3 点である。

　第一に、18 歳成年が実現した場合、男性は成年年齢と婚姻可能年齢が一致することになるが、女性は、成年年齢と婚姻可能年齢が一致しないことになる。16 歳、17 歳の女性は未成年者として扱われ、婚姻には父母の同意が必要となってしまい、この点で男女間の不平等が生じる。

　第二に、婚姻による成年擬制の規定（第 753 条[22]）は、男性にとっては無意味になり、16 歳、17 歳の女性だけに適用されることになってしまう。18 歳成年の実現により、男女間の不平等が、より際立つことになる。

　第三に、国連女子差別撤廃委員会（Committee on the Elimination of Discrimination against Women：CEDAW）[23]が 2016 年 3 月、日本政府に対し、民法を遅滞なく改正し、女性の婚姻可能年齢を男性と同じ 18 歳に引き上げるべき旨、勧告を行ったことである。[24]

　なお、政府が行った「家族の法制に関する世論調査」（2012 年 12 月）では、女性の婚姻適齢に関する設問も置かれたところ、「女性は満 16 歳になれば婚姻をすることができるということでよい」と答えた者の割合が 20.9％、「女性も男

22）　成年擬制は、成年概念に連動する法定年齢についてのみ、その効果が及ぶ。国民投票権年齢、選挙権年齢、喫煙・飲酒可能年齢など、公法上の年齢には及ばない。

23）　女子差別撤廃条約第 16 条第 1 項（a）は、男女の平等を基礎として、婚姻をする同一の権利を有する旨、定めている。http://www.mofa.go.jp/mofaj/gaiko/josi/3b_004.html（アクセス日：2018 年 2 月 1 日）。

24）　Committee on the Elimination of Discrimination against Woman (2016), *Concluding observations on the combined seventh and eighth periodic reports of Japan*, pp3-4.　http://tbinternet.ohchr.org/Treaties/CEDAW/Shared%20Documents/JPN/CEDAW_C_JPN_CO_7-8_21666_E.pdf（accessed: February 1, 2018)

性と同様、満 18 歳にならなければ婚姻をすることができないものとした方がよい」と答えた者の割合が 46.0％、「どちらともいえない」と答えた者の割合が 31.1％となっている[25]。半数近くが、引き上げに賛成という結果が出ている。

(2) 政府の検討状況

　法制審議会民法成年年齢部会「民法の成年年齢の引下げについての最終報告書」(2009 年 7 月 29 日) は、男女の婚姻適齢を 18 歳で統一すべき旨、以下のような見解をまとめている。

　　現在の民法においては、婚姻適齢は男子は 18 歳、女子は 16 歳とされており、未成年者は父母の同意を得て婚姻をすることができるとされている (民法第 731 条、第 737 条)。
　　民法の成年年齢を 18 歳に引き下げた場合、男子は成年にならなければ婚姻することができないのに対し、女子は未成年 (16 歳、17 歳) でも親の同意を得れば婚姻をすることができることになる。
　　そこで、民法の成年年齢を 18 歳に引き下げた場合、婚姻適齢について、現状のまま (男子 18 歳、女子 16 歳) とするか (X 案)、男女とも 18 歳にそろえるか (Y 案)、男女とも 16 歳にそろえるか (Z 案) について議論を行ったところ、婚姻適齢については、以前、法制審議会において検討を行い、男女とも婚姻適齢を 18 歳にすべきであるという答申を出しており[26]、これを変更すべき特段の事情は存しないことから、男女とも 18 歳にそろえるべきである (Y 案) という結論に達した。
　　したがって、民法の成年年齢を引き下げる場合には、婚姻適齢については男女とも 18 歳とすべきである。

出典：法制審議会民法成年年齢部会「民法の成年年齢の引下げについての最終報告書」(2009 年 7 月 29 日) 23-24 頁。

---

25)　内閣府「家族の法制に関する世論調査」http://survey.gov-online.go.jp/h24/h24-kazoku/index.html (アクセス日：2018 年 2 月 1 日)。
26)　法制審議会「民法の一部を改正する法律案要綱」(1996 年 2 月 26 日)。

　前記の最終報告書は、法制審議会「民法の成年年齢の引下げについての意見」（2009 年 10 月 28 日）に、添付されている。婚姻適齢の統一は、政府の確定した方針である。

6. 18 歳成年法の整備をめぐる動向

　18 歳成年法は、その整備の期限（2018 年 6 月 20 日）が迫るなか、当初は、第 194 回国会（臨時会、2017 年 9 月 28 日召集）での法案提出、成立が確実視されていた[27]。しかし、召集期日に衆議院が解散されたため、法整備は、第 195 回国会（特別会、2017 年 11 月 1 日召集）の会期を超えて、2018 年 1 月 22 日召集の第 196 回国会（常会）以降に予定される。

　18 歳成年法案は、内閣が提出主体となる。法案提出の閣議決定は 2018 年 3 月頃であり、衆議院本会議での趣旨説明を終え、法務委員会に付託され、実質的な審査に入るのは同年 4 月頃と見込まれる[28]（2018 年 2 月 1 日時点）。

　政府は、18 歳成年法の公布から施行までの周知、準備期間として「少なくとも 3 年程度の期間を設ける」ことを検討している[29]。仮に、18 歳成年法が 2018 年 6 月下旬に成立し、公布されたとすると、18 歳成年が実現するのは 3 年後の 2021 年 6 月下旬となる。法整備の実現までには、なお紆余曲折が予想されるが、いずれにせよ、第 196 回国会以降の議論を注視していかなければならない。

---

27)　上川陽子法務大臣は、「次期国会（臨時会）の提出を視野に入れる」と明言していた（2017 年 8 月 4 日の閣議後記者会見）。http://www.moj.go.jp/hisho/kouhou/hisho08_00924.html（アクセス日：2018 年 2 月 1 日）。その後、特別国会が召集されたことを踏まえ、「できるだけ早い時期に国会に提出することができるよう、更に入念に準備を進めてまいりたい」と発言を修正している（2017 年 11 月 7 日の閣議後記者会見）。http://www.moj.go.jp/hisho/koubou/hisho08_00946.html（アクセス日：2018 年 2 月 1 日）。

28)　年度内は、予算関連法案、いわゆる日切れ法案の審査（処理）が優先されるためである。

29)　法務省民事局「民法の成年年齢の引下げに伴う法整備について（年齢条項に関する関係府省庁課長級会議配付資料）」（2016 年 2 月 12 日）5 頁。これは、自由民主党政務調査会「成年年齢に関する提言」（2015 年 9 月 17 日）3 頁に記された方針に従ったものと解される。

第⑩章　少年法適用対象年齢

南部義典

第10章のポイント

1. 旧少年法〔大正11年4月17日法律第42号〕はなぜ、その適用対象年齢を18歳未満と定めたのか。
2. 現行少年法〔昭和23年7月15日法律第168号〕はなぜ、その適用対象年齢を2歳引き上げ、20歳未満と定めたのか。
3. 国民投票法が、少年法適用対象年齢の引き下げを求めたことには、どのような根拠があるのか。
4. 18歳少年法（少年法適用対象年齢の引下げ等に関する改正法）に合わせて、改正が必要となる法律にはどのようなものがあるのか。
5. 法制審議会少年法・刑事法（少年年齢・犯罪者処遇関係）部会では現在、どのような議論が進められているのか。18歳少年法は、いつ制定される見込みなのか。

1.　旧少年法における適用対象年齢

　本章で扱う少年法適用対象年齢は、制定以来、議論の振幅が最も大きく、緊張状態に置かれ続けている法定年齢である。議論の揺れ動きは、政府における旧少年法〔大正11年4月17日法律第42号〕の起草段階からすでに始まっていた。この点に限れば、少年の処分等のあり方を含め、刑罰主義と教育主義が交錯するなか、さまざまな議論が興ることは将来にわたって避けられないであろう。

　まず、旧少年法の起草段階では、同法の適用対象年齢を20歳未満とするのが、当初の方針であった。司法省に設けられた「少年犯罪ニ関スル法律案特別委員会」（1912年2月〜14年3月）の第2回委員会では、「上ハ十八歳位ヲ可トス、十九歳二十歳ノ者ヲ区別スル格別ノ理由ナキモ先ヅ数ヘ年二十歳ナラバ此法ノ支配ニテハ不足ナリ、監獄ニ投ズル方目的ヲ達スベシ」と、18歳未満を支持

する意見も示されたが、「実際上此時代ノ犯罪甚ダ多ク強盗強姦等悪性ノ犯罪最モ多シ然ルニ之ヲ監獄ニ投ズルハ設備モ不適当ニシテ感化不能ニシテ却テ犯罪ノ稽古ヲ為ナリ、何モノカ之ニ代ル方法ヲ講ゼザルベカラザル場合ナリ、斯ル次第ナルヲ以テ二十歳迄トシタシ」など、20歳未満とする意見が大勢を占めていた。

　しかし、その後、国会で審査が始まった旧少年法案では、「本法ニ於テ少年ト称スルハ十八歳ニ満タサル者ヲ謂フ」（第1条）と、適用対象年齢を18歳未満とする旨、修正が行われている。衆議院少年法案外一件委員会（1920年2月6日）において、司法次官の鈴木喜三郎は、その理由を次のように答弁している。

　　此民法ガ成年時ヲ区別スルニ就テ二十歳ヲ以テ限界トシテ居ル、御承知ノ通リ民法ノ成年未成年ハ、法律行為ニ就テノ能力ヲ定メタノデアリマス、而モ行為能力ニ就キマシテ、民法上ニ於キマシテモ、法律行為ニ就テハ二十歳ヲ以テ限度トシテ居リマスガ、婚姻能力ニ就キマシテハ各々異ニシテ、二十歳未満ニシテ能力アリト云フヤウナ規定ガアルノデアリマス、ソレカラ刑事責任能力ニ就キマシテハ、二十歳ヲ限界トシテ居ルノデアリマスカ、少年取締ニ付テ年齢ノ制限ハ、各国一様デアリマセヌ、詰マリ法律行為ノ能力トハ無論ノ差異ガアル、各国何レモ同ジデアリマス、法律行為能力ハ二十歳ト致シマシテ、少年法ニ就テノ保護ヲ為スベキ限界ト云フモノハ、或ハ十歳トシテ居ル国モアリマス、或ハ十六歳未満ヲ以テ規定トシテ居ル国モアルノデアリマス、詰マリ我国ハ十八歳ト申セバ、数ヘ年二十歳ト云フコトニナルカラ、先ヅ其位ノ限度ノ者マデハ保護ヲヤラナケレバナラヌト云フ趣意カラ、十八歳ノ主義ヲ採タ次第デアリマスノデアリマス、

出典：第42回帝国議会衆議院少年法案外一件委員会議録第1号（大正9年2月6日）3頁（鈴木喜三郎政府委員）。下線は筆者が付し、旧字体を適宜改めた。

　ここで鈴木は、成年年齢と少年法適用対象年齢とは「無論の差異」があり、各国でもさまざまな制定例があることを根拠に、18歳基準を採用したと説明している。[1]

２．現行少年法における適用対象年齢の「引き上げ」

(1) 20 歳基準が採用された理由

　戦後占領期において、GHQ の監督統制の下、旧少年法の全面改正作業が進められ[2)]、現行の少年法〔昭和 23 年 7 月 15 日法律第 168 号〕が制定された。第 2 条第 1 項は「この法律で「少年」とは、20 歳に満たない者をいい、「成人」とは、満 20 歳以上の者をいう」と規定し、旧少年法下の 18 歳基準を 2 歳引き上げ、20 歳基準を採用した。衆議院司法委員会（1948 年 6 月 19 日）における、少年法を改正する法律案〔第 2 回国会閣法第 162 号〕の審査において、法務行政長官の佐藤藤佐は、適用対象年齢[3)]の引き上げの理由を次のように説明している。

　　最近少年の犯罪が激増し、かつその質がますます悪化しつつあることは、すでに御承知のことと存じます。これは主として戦時中における教育の不十分と、戦後の社会的混乱によるものでありますが、新日本の建設に寄与すべき少年の重要性に鑑み、これを単なる一時的現象として看過することは許されないのでありまして、この際少年に対する刑事政策的見地から、構想を新たにして少年法の全面的改正を企て、もつて少年の健全な育成を期しなければならないのであります。

　　今回の改正のおもなる点は、第一に、少年に対する保護処分は裁判所がこれを行うようにしたこと、第二に、少年の年齢を 20 歳に引上げたこと、第三に少年に対して保護処分を科するかまたは刑事処分を科するかを、裁判所自身が判断するようにしたこと、第四に児童福祉法との関連に留意し

---

1)　草刈融（1922）『少年法詳解』松華堂、2 頁。民法上の行為能力との関係について、「民法ノ規定ニ依レハ二十歳未満ノ者ヲ未成年ト定メタルモ此ノ少年法ヲ適用シテ保護処分ニ付シ又ハ特別ノ刑事処分ニ付スルニハ民法上ノ行為能力ト関係ナク別ニ之カ限界ヲ設ケヘキモノト為シタリ外国ノ法制ニ依レハ少年ノ限界ヲ定ムルニ或ハ十六歳未満トナスアリ或ハ十八歳未満トナスアリテ一定セス其ノ標準ハ国土、気候、人種等ノ事情ニ因リ之ヲ決定スヘキモノト云フヘク我国情ニ鑑ミ十八歳未満ヲ以テ限度トナスヲ適当ト認メタルナリ蓋シ少年ノ保護教養ハ心身教育ノ時期ヲ基礎トスルニ外ナラス」と解説している。

2)　第 150 回国会参議院法務委員会会議録第 2 号（平成 12 年 11 月 2 日）2 頁（上田勇法務政務次官）。

3)　現在の検事総長に当たる。

たこと、第五に保護処分の内容を整理したこと、第六に抗告を認めたこと、第七に少年の福祉を害する成人の刑事事件に対する裁判権について、特別の措置を認めたこと等であります。以下順次御説明申し上げます。

第一は家庭裁判所の設置であります。（略）

第二は年齢引上げの点であります。最近における犯罪の傾向を見ますると、20才ぐらいまでの者に、特に増加と悪質化が顕著でありまして、この程度の年齢の者は、未だ心身の発育が十分でなく、環境その他外部的条件の影響を受けやすいことを示しておるのでありますが、このことは彼等の犯罪が深い悪性に根ざしたものではなく、従ってこれに対して刑罰を科するよりは、むしろ保護処分によってその教化をはかる方が適切である場合の、きわめて多いことを意味しているわけであります。政府はかかる点を考慮して、この際思い切って少年の年齢を20歳に引上げたのでありますが、この改正はきわめて重要にして、かつ適切な措置であると存じます。なお少年の年齢を20歳にまで引上げるとなると、少年の事件が非常に増加する結果となりますので、裁判官の充員や少年観護所の増設等、人的物的機構の整備するまで1年間、すなわち来年一ぱいは従来の通り、18歳を少年年齢とするような暫定的措置が講ぜられておるのであります。（略）

出典：第2回国会衆議院司法委員会議録第36号（昭和23年6月19日）5-7頁（佐藤藤佐政府委員）。下線は筆者が付し、旧字体を適宜改めた。

つまり、佐藤の説明によれば、当時の少年犯罪の激増が、①戦時中における教育の不十分と、②戦後の社会的混乱によるという分析を根拠に、刑罰ではなく保護処分を採る方が妥当であるという判断に基づき、20歳基準が採用された。四ツ谷巌は、20歳基準への引き上げに関し、東京保護観察所長（当時）大坪与一氏の談として、「当時の終戦後の社会混乱に投げ出された少年に対する責任感、昭和の初年以来年齢引上げが久しい間の懸案であったこと、全国関係機関の答申に強く要望されていた事実の外、更に昭和11年制定の思想犯保護観察法の廃止との関係があったのである。即ち、そもそも同法の立案関係者に於ては、同法を足場として、やがては成人犯罪者全般に対する保護観察制度を

獲得しようとする狙いが含まれてあったが、終戦の結果、同法の廃止が決定され、他面成人に対する保護観察制度の確立も早急に望めない事情があったので、茲に少年年齢を引上げ、せめて年長少年についてなりと保護観察の均霑[きんてん4)]にあずからしめようと計ったものであった」と註記している。[5)]

　また、佐藤が説明しているとおり、第68条第1項（経過規定）は「この法律施行後1年間[6)]、第2条第1項の規定にかかわらず、少年は、これを18歳に満たない者とし、成人は、これを満18歳以上の者とする」と定め、20歳基準の適用を1年間延期する経過措置が設けられていた。しかしその後、少年法の一部を改正する法律〔昭和24年12月／8日法律第246号〕により、期間は1年間延び、2年間に延長された。その理由は、「受入れ態勢の整備工作の進展が裁判所側、法務府側とも十分でなく、今日では昭和25年1月1日より少年の年齢を新法の常則通り20歳未満に引上げた場合には、とうてい激増する少年事件を滞りなく処理し得ない」という判断があったためである。[7)] 結局、20歳基準が適用されたのは、1951（昭和26）年1月1日のことであった。そして、現在に至っている。

(2)「成人」概念を導入した理由

　現行の少年法では、旧法には無かった「成人」という概念が導入された（第2条第1項）。法律案の起草、審査の過程を検証するに、「成年」ではなく「成人」の語が用いられた理由等は判明しない。「成人」の語は当時、法務庁設置法〔昭和22年12月／17日法律第193号〕第10条第4項で用いられていたことが確認できるにとどまる。[8)]

　唯一考えられるのが、成年擬制との関係整理である。民法上は婚姻による成年擬制が認められるが（第753条）、少年法においては婚姻によって「成人」とはみなされない。この点の概念の混同を避けるために、「成年」ではなく、あえて「成人」の語を用いたと考えられる。

---

4)　「均衡を図る」という意味である。

5)　四ッ谷巌（1953）「年長少年事件の取扱に関する諸問題」『昭和28年司法研究報告書』第6輯第1号、最高裁判所事務総局、9-10頁。

6)　施行期日は、昭和24年1月1日と規定されていた（第62条）。

7)　第6回国会衆議院法務委員会議録第3号（昭和24年11月10日）4頁（殖田俊吉法務総裁）。

8)　司法保護協会編（1948）『新らしい（原文ママ）少年法と少年院法の解説』司法保護協会、19頁。

3．適用対象年齢引き下げ議論の経緯

　少年法の適用対象年齢は、1950（昭和 25）年 12 月 31 日まで 18 歳未満、1951（昭和 26）年 1 月 1 日以後は 20 歳未満として、現在に至っている。適用対象年齢の引き下げの議論は、政府、国会において、それぞれ具体的な動きがみられる。

（1）法制審議会における議論（1970 年代）

　小林武治法務大臣は 1970 年 6 月、「少年法改正要綱」を法制審議会に諮問した。その柱の一つが、適用対象年齢の 20 歳基準をそのままに、「青年層」という概念を新たに導入しようとする内容であった。

　法務省による当時の説明によれば、20 歳未満の少年は発育盛りであって、14 歳、15 歳の年少少年と 18 歳、19 歳の年長少年との間には質的な相違があるため、20 歳未満の者を一律に取り扱うのは合理的とはいえないことから、「青年層」（18 歳以上 20 歳未満）という区分を新たに設け、保護処分の余地を残しつつ、成人に準じて刑事処分優先で扱い、家庭裁判所がその刑事事件を扱うべきとするものであった[9]。

　しかし、法制審議会では、7 年間にも及ぶ議論を経ても最終的な結論を得ることができなかった。1977 年 6 月、「少年法改正に関する中間答申」が福田一法務大臣に提出されたものの、議論はその後、休止状態に陥っている。

（2）国会における議論（平成期）

　少年法適用対象年齢の引き下げの議論が再びくすぶり始めたのは、平成期に入ってからのことである。

　まず、少年法等の一部を改正する法律〔平成 12 年 12 月 6 日法律第 142 号〕[10]の法案審査を行っていた衆議院、参議院の法務委員会の附帯決議の中に、適用対象年齢の引き下げに

9）　法務省刑事局（1970）「少年法改正要綱説明」『ジュリスト』463 号、有斐閣、6 頁、74-75 頁。
10）　刑事処分可能年齢が 16 歳以上から 14 歳以上へと引き下げられるなどの内容であった（少年法第 56 条第 3 項）。

関する事項を確認することができる。

　衆議院法務委員会の附帯決議では、「少年法の適用年齢を 20 歳に満たない者から 18 歳に満たない者に引き下げることについて、時代の変遷、主要各国の現状、選挙権年齢等他法令に定めるその他の年齢区分との均衡を勘案しつつ、検討を行うこと」という項目が[11]、参議院法務委員会の附帯決議では、「少年法の適用年齢については、選挙権年齢等の成年年齢の在り方、世論の動向、時代の変遷、主要各国の現状、婚姻年齢等他の法令に定める年齢区分との均衡等を勘案しつつ、鋭意検討を行うこと」という項目が[12]、それぞれ盛り込まれている。もっとも、表現上は、政府に対する法整備の検討要求にとどまり、必要な法制上の措置を講ずることまでは要求していない。

　その後、国民投票法 ［平成 19 年 5 月 18 日法律第 51 号］ が制定された後、少年法は 2007（平成 19）年 6 月、2008（平成 20）年 6 月、2014（平成 26）年 4 月の三度にわたって主要な改正を経ているが、適用対象年齢の引き下げに関する議論は目立って行われていない。

表 10 - 1　少年法改正の概要〈2000 年改正以降〉

▼ 2000（平成 12）年改正　　平成 12 年 12 月 6 日法律第 142 号	
（背景） **少年による凶悪重大犯罪が相次いで発生** （例）神戸市児童殺傷事件（1997 年） 　　　西鉄バスジャック事件（2000 年） **少年審判の事実認定手続についての社会的関心の高まり** （例）山形マット死事件（1993 年） **被害者に対する配慮を求める声**	（改正内容） **少年事件の処分等のあり方の見直し** ○刑事処分可能年齢の引下げ（16 歳→ 14 歳） ○いわゆる原則逆送制度の導入 **少年審判事件の事実認定手続の適正化** ○裁定合議制度の導入 ○検察官及び弁護士である付添人が関与した審理の導入 **被害者への配慮の充実** ○被害者等の申出による意見の聴取制度の導入 ○被害者等による記録の閲覧、謄写制度の導入

---

11)　第 150 回国会衆議院法務委員会議録第 8 号（平成 12 年 10 月 31 日）21 頁（藤島正之議員）。なお同日、少年法適用対象年齢を 18 歳未満に引き下げるべきとする修正案が提出されたが、否決されている（同会議録 1 頁、20 頁）。

12)　第 150 回国会参議院法務委員会会議録第 9 号（平成 12 年 11 月 24 日）26 頁（江田五月議員）。

▼ 2007（平成 19）年改正　平成 19 年 6 月 1 日法律第 68 号	
（背景） 　少年非行の現状 ○少年刑法犯の増加（人口比） ○高水準で推移する凶悪犯 ○いわゆる触法少年による凶悪重大事件の発生 （例）児童自立支援施設入所中の少年らによる強盗殺人事件（2002 年） 　　　長崎市幼児誘拐殺人事件（2003 年） 　　　佐世保市同級生殺人事件（2004 年） **青少年育成施策大綱**（2003 年 12 月青少年育成推進本部決定） **犯罪に強い社会の実現のための行動計画**（2003 年 12 月犯罪対策閣僚会議決定） **司法制度改革推進計画**（2002 年 3 月閣議決定）	（改正内容） 　**いわゆる触法少年に係る事件の調査手続の整備** ○警察の調査権限の整備 **保護処分の見直し** ○ 14 歳未満の少年の少年院送致を可能とすること ○保護観察に付された少年が遵守事項に違反した場合の措置の導入 　**少年審判の充実** ○家庭裁判所による裁量による国選付添人制度の導入
▼ 2008（平成 20）年改正　平成 20 年 6 月 18 日法律第 71 号	
（背景） 　**犯罪被害者等基本計画**（2005 年 12 月閣議決定） ○少年保護事件に関する犯罪被害者等の意見、要望を踏まえた制度の検討及び施策の実施	（改正内容） ○被害者等による記録の閲覧、謄写の範囲の拡大 ○被害者等の申出による意見の聴取の対象者の拡大 ○一定の重大事件の被害者等による少年審判傍聴制度の導入 ○家庭裁判所の被害者等に対する審判状況説明制度の導入
▼ 2014（平成 26）年改正　平成 26 年 4 月 18 日法律第 23 号	
（背景） ○少年審判における事実認定手続のより一層の適正化 ○少年の更生、再犯防止のための早期の環境調整の必要性 **現行の少年法では適正な量刑が困難な場合があるとの指摘** （例）殺人事件について大阪地裁堺支部判決（2011 年 2 月）の指摘	（改正内容） 　**家庭裁判所の裁量による国選付添人制度及び検察官関与制度の対象事件の範囲拡大** 　**少年に対するより適切な科刑の実現** ○無期刑の緩和刑及び不定期刑の上限引上げ等

出典：法務省刑事局が作成した資料を元に、筆者が整理した。

4．国民投票法等が示した改正スケジュールと今後必要な措置

　少年法適用対象年齢の引き下げは、国民投票法の制定（2007 年 5 月）および
その改正（2014 年 6 月）、18 歳選挙権法の制定（2015 年 6 月）が連続して、直
接の立法契機となっている。その意義と経過について、改めて検証していく。

（1）国民投票法と 18 歳選挙権法が求めた、18 歳少年法の整備

　第 7 章で確認したが、国民投票法附則第 3 条第 1 項（現在は削除）は、2010
年 5 月 17 日までに 18 歳基準の法整備を行うべき対象法律として、公職選挙法、
民法を挙げていた一方、少年法は挙げていなかった。「その他の法令」（同条項）
の解釈にも行きつくところではあるが、立法者意思として少年法適用対象年齢
の 18 歳引き下げが求められていなかった訳ではない。公職選挙法、民法との
間に、改正の必要性、緊急性において差異があったわけではない。

　国会答弁で明らかにされているが、国民投票法案（与党併合修正案）の提出
者は、18 歳、19 歳の者が国民投票の投票権を得る一方、国民投票に関する犯
罪にコミットした場合に、少年法が適用され、刑罰を免れるというのでは、権
利付与と刑事制裁のバランスを欠くこととなるとして、18 歳国民投票権の実
現に合わせて少年法の適用対象年齢を 18 歳未満に引き下げるべきことを要求
していた。[13] 国民投票法は、組織的多数人買収・利害誘導罪（第 109 条）、投票の
自由・平穏を害する罪（第 111 条〜第 117 条）、投票手続に関する罪（第 118 条〜
第 121 条）を規定しているが、18 歳、19 歳の者がこれらの罪を犯すケースに
おいては、少年法との間に運用上の緊張が生じるからである。[14]

　結果として、法整備の期限（2010 年 5 月 17 日）までに少年法の改正は行われ
なかったが、改正国民投票法の制定を機とした新たな法整備期間（2014 年 6 月
21 日〜 2018 年 6 月 20 日）において少年法の改正を行うべきことは、立法者意
思として明確にされている。[15] この点（スケジュール観）は、民法（18 歳成年法の

---

13)　第 166 回国会参議院会議録第 17 号（平成 19 年 4 月 16 日）3 頁（赤松正雄議員）。

14)　南部義典（2017）『図解超早わかり国民投票法入門』C&R 研究所、147–160 頁。

15)　第 186 回国会衆議院憲法審査会議録第 4 号（平成 26 年 4 月 24 日）30 頁（船田元議員）。

整備）と同様である。

　18 歳選挙権法〔平成 27 年 6 月 19 日法律第 43 号〕附則第 11 条は「国は、国民投票の投票権を有する者の年齢及び選挙権を有する者の年齢が満 18 年以上とされたことを踏まえ、選挙の公正その他の観点における年齢満 18 年以上満 20 年未満の者と年齢満 20 年以上の者との均衡等を勘案しつつ、民法、少年法その他の法令の規定について検討を加え、必要な法制上の措置を講ずるものとする」と規定し、少年法を明示した上でその改正を求めている（下線：筆者）。規定上、法整備の期限は明記されていないが、前記の期限（2018 年 6 月 20 日）と同様とする旨、改正国民投票法案の審査過程での答弁が踏襲されている[16]。

(2) 今後必要な措置

　この問題は先ず、すでに法整備が完了している 18 歳選挙権法との関係から論じる。

① 選挙権年齢との関係整理

　18 歳選挙権法は、選挙犯罪（公職選挙法第 221 条〜第 255 条の 4）に関して、連座制の適用のある類型と適用がない類型があることに着目し、前者については「家庭裁判所は当分の間、その罪質が選挙の公正の確保に重大な支障を及ぼすと認める場合には、少年法第 20 条第 1 項[17]の決定をしなければならない」とし（附則第 5 条第 1 項[18]）、後者については、検察官送致（少年法第 20 条第 1 項）を決定するに当たっては「選挙の公正の確保等を考慮して行わなければならない」との特則規定を置いている（附則第 5 条第 3 項）。この特則規定は文理上、「当分の間」の措置であるこ

---

16)　第 189 回国会衆議院政治倫理の確立及び公職選挙法改正に関する特別委員会議録第 3 号（平成 27 年 5 月 28 日）3 頁（船田元議員）。

17)　同条項は「家庭裁判所は、死刑、懲役又は禁錮に当たる罪の事件について、調査の結果、その罪質及び情状に照らして刑事処分を相当と認めるときは、決定をもって、これを管轄地方裁判所に対応する検察庁の検察官に送致しなければならない。」と規定する。一般に逆送といわれる。

18)　「罪質が選挙の公正の確保に重大な支障を及ぼすと認める場合」とは、加重要件に該る。つまり、連座制が適用される罪を犯しただけでは、同条（特則）の適用はなく、少年法の一般規定に従うことになる。第 189 回国会衆議院政治倫理の確立及び公職選挙法改正に関する特別委員会議録第 3 号（平成 27 年 5 月 28 日）7 頁（北側一雄議員）。

とは言うまでもなく、さらに 18 歳少年法の整備が完了すれば、法的には無意味となる。いずれ、附則第 5 条を削除するための、公職選挙法の改正が必要になる。

②国民投票権年齢との関係整理

　国民投票権年齢は遅くとも、2018 年 6 月 21 日には、18 歳以上に引き下げられる。それまでの間に、18 歳少年法の整備が間に合えば（この可能性が低いことは後述する）、法的な問題は生じないが、間に合わなければ、同日以後、国民投票法を遅滞なく改正し、18 歳、19 歳の者による国民投票犯罪に関する少年法の適用関係を整理する必要が生じる。関係整理の方法としては、（ア）少年法の適用を除外する旨の規定を置く（国民投票犯罪に限り、成人の刑事事件として扱う）、（イ）検察官送致決定（少年法第 20 条）に関する特例規定を置く、の二つが考えられる[19]。筆者は基本的に、（ア）案を支持する。

　もっとも、選挙犯罪の場合には、連座制の適用のある類型とない類型に分かれるが、国民投票犯罪においては、連座制という概念がそもそも存在しない。従って、（イ）案を採用する場合でも、18 歳選挙権法と同様の論理構成を採用することはできない。

　この点、法定刑に着目し、少年法の適用を決することも考えられる。すなわち、国民投票犯罪のうち懲役以上の法定刑を定め、18 歳、19 歳の者がコミットする可能性があるのは組織的多数人買収罪等（国民投票法第 109 条）、投票事務関係者・施設等に対する暴行罪等（同法第 114 条）など 5 類型であることから、これらに限って、検察官送致の判断基準をポジティブに定め、その他の国民投票犯罪と差異化を図ることである。

5. 少年法適用対象年齢に連動する年齢条項を持つ法律

　民法と違って、自動的に連動するものではないが、少年法適用対象年齢に合わせて改正すべき年齢条項を持つ法律が 7 本ある。いずれも、18 歳少年法の整備に合わせて、基準年齢を 20 歳から 18 歳へと改める必要がある。以下、

---

19)　南部義典（2017）「ロー・アングル 緊急提論 国民投票法制が残す課題（最終回・第 3 回）年齢条項見直しのロードマップ」『法学セミナー』749 号、日本評論社、49 頁。

各法定年齢の概要を説明する。

(1) 国際刑事裁判所に対する協力等に関する法律〔平成19年5月11日法律第37号〕

　法務大臣が、外務大臣を通じて国際刑事裁判所から協力の請求を受理したとき、受刑者証人等移送（国際刑事裁判所の請求により、証人その他の国際刑事裁判所の手続における関係人として出頭させることを可能とするため、国内受刑者を移送すること）の決定をする条件として、「国内受刑者が20歳に満たないとき」と定めている（第17条第1項第2号）。

(2) 国際捜査共助等に関する法律〔昭和55年5月29日法律第69号〕

　法務大臣が、要請国から、条約に基づき、国内受刑者に係る受刑者証人移送の要請があった場合において、当該受刑者証人移送の決定をする条件として、「国内受刑者が20歳に満たないとき」と定めている（第19条第1項第2号）。

(3) 売春防止法〔昭和31年5月24日法律第118号〕

　同法が定める売春目的勧誘罪等につき、刑の執行を猶予し、その者を補導処分に付することができる要件として、「満20歳以上の女子」であることが定められている（第17条第1項）。

(4) 少年院法〔平成26年6月11日法律第58号〕

　少年院の長は、保護処分在院者が、20歳に達したときに退院させるものとし、20歳に達した日の翌日にその者を出院させなければならない（第137条本文）。

　また、少年院の長が、保護処分在院者について、家庭裁判所に対しその者の収容を継続する旨の決定を申請する場合における収容継続の始期が、20歳に達した日であると定められている（第138条第1項第1号）。

(5) 国際受刑者移送法〔平成14年6月12日法律第66号〕

　共助刑（受入移送犯罪に係る確定裁判の執行の共助として日本国が執行する外国刑）の期間について、受入受刑者（裁判国において外国刑の確定裁判を受け、その

執行として拘禁されている日本国民等および受入移送により引渡しを受けた日本国民等であって、外国刑の確定裁判の執行が終わるまでの者）が 20 歳に満たないときに共助刑に係る外国刑の言渡しを受けた者であるときには、その期間を短縮することが定められている（第 17 条第 2 項）。

　また、仮釈放の特例として、20 歳に満たないときに共助刑に係る外国刑の言渡しを受けた受入受刑者については、一定の期間を経過した後に、仮釈放ができることが定められている（第 22 条）。

(6) 刑事収容施設及び被収容者等の処遇に関する法律〔平成 17 年 5 月 25 日法律第 50 号〕

　受刑者に対する懲罰の一つである 30 日以内の閉居について、懲罰を科するときに 20 歳以上の者について、特に情状が重い場合には、60 日以内とすることが定められている（第 151 条第 1 項第 6 号）。

(7) 更生保護法〔平成 19 年 6 月 15 日法律第 88 号〕

　保護観察処分少年に対する保護観察の期間は、当該保護観察処分少年が 20 歳に達するまで、と定められている（第 66 条本文）。

　また、保護観察所の長は、保護観察処分少年について、新たに虞犯少年に該当する事由があるため家庭裁判所に通告した場合において、当該保護観察処分少年が 20 歳以上であるときは、少年法における少年とみなして、少年の保護事件に関する規定を適用することが定められている（第 68 条第 1 項、第 2 項）。

　さらに、家庭裁判所が、少年院仮退院者を少年院に戻して収容する決定をする場合、23 歳に満たない少年院仮退院者を 20 歳を超えて少年院に収容する必要があると認めるときは、その者が 23 歳を超えない期間内において、少年院に収容する期間を定めることができるとされている（第 72 条第 1 項、第 2 項）。

6．法制審議会における議論

(1) 法制審議会部会設置までの経緯

　法務省は 2015 年 11 月、省内に「若年者に対する刑事法制の在り方に関する勉強会」を立ち上げ、翌 2016 年 12 月、「取りまとめ報告書」を公表した。報[20]

告書では、「公職選挙法の選挙権年齢に続いて民法の成年年齢が18歳に引き下げられた場合における少年法適用対象年齢の在り方については、」という文脈整理が付されているところ、その引き下げに関しては賛否両論が併記されている。[21]

　「取りまとめ報告書」の公表後、金田勝年法務大臣は2017年2月9日、「日本国憲法の改正手続に関する法律における投票権及び公職選挙法における選挙権を有する者の年齢を18歳以上とする立法措置、民法の定める成年年齢に関する検討状況等を踏まえ、少年法の規定について検討が求められていることのほか、近時の犯罪情勢、再犯の防止の重要性等に鑑み、少年法における「少年」の年齢を18歳未満とすること並びに非行少年を含む犯罪者に対する処遇を一層充実させるための刑事の実体法及び手続法の整備の在り方並びに関連事項について御意見を賜りたい。」と、法制審議会に諮問した（諮問第103号）。諮問を受け、法制審議会の下に「少年法・刑事法（少年年齢・犯罪者処遇関係）部会」が設置され、2017年3月16日に第1回会議を開催している。

（2）議論の経過

　2017年5月31日の第3回会議では、委員用に「論点表」が配付され、同日、一般に公表された。その内、少年法適用対象年齢の引き下げに関しては、次のような記述がある。

　1　少年法における「少年」の年齢
　　少年法における「少年」の年齢を18歳未満とすること
【検討の視点】
・少年保護事件の手続過程並びに少年院および保護観察における処遇が年長少年に対しても有効に機能している中で、「少年」の年齢を18歳未満とする必要性はあるか。
・親権に服さない成年者に対して国家が後見的な観点から権利を制限する

---

20)　若年者に対する刑事法制の在り方に関する勉強会「若年者に対する刑事法制の在り方に関する勉強会」取りまとめ報告書」http://www.moj.go.jp/content/001210544.pdf（アクセス日：2018年2月1日）。
21)　註20、4-8頁。

　　処分を行うことが正当化できるか（要保護性に基づく保護処分に付すこと
　　ができるか）。
・選挙権を有し、民法上も成年である者が罪を犯したとき、刑事処分では
　　なく保護処分に付すこと、軽減された刑を科すこと、推知報道を禁止す
　　ること等は、犯罪被害者・国民の理解を得られるか。
・「少年」の上限年齢を 18 歳未満に引き下げると、大人として処罰される
　　という自覚を促すことになり、犯罪の抑止、健全育成につながるのでは
　　ないか。
・現在行われている働き掛けや処遇等の機会がなくなると、改善更生・再
　　犯防止が図れないのではないか。
2　　非行少年を含む犯罪者に対する処遇を一層充実させるための刑事の実
　　体法および手続法の整備
　　（略）

出典：少年法・刑事法（少年年齢・犯罪者処遇関係）部会第 3 回会議（2017 年 5 月 31 日）資料。

　2017 年 9 月には、同部会内に第 1 から第 3 までの分科会が設けられ、より
精緻な議論が始まったところである。
　本章脱稿の時点（2018 年 2 月 1 日）では、同部会の詳細な検討スケジュール
は明らかではない。もっとも、最終的に部会としての取りまとめを行い、法制
審議会総会でその内容を了承した上で、法務大臣に答申を行い、内閣が 18 歳
少年法案を国会に提出し、審議、成立させることは、明らかに法整備の期限
（2018 年 6 月 20 日）を超えることになる。いずれにせよ、現状では、同部会の
議論の帰趨を見守るしかない。
　最後に、18 歳成年法に続き、18 歳少年法の整備まで実現しなければ、第 6
章で述べた「18 歳成人の制度改革」は完遂しないことを、改めて付言してお
きたい。法律論を離れ、あえて喩えを示すならば、乗用車のタイヤ 4 本のうち
3 本が「18」というサイズであるにもかかわらず、残り 1 本が「20」のままだ
と、どうなるか。当該車はまっすぐ走行することができず、挙動不安定にな
る。常にこのことを意識し、議論に臨まなければならない。

第⑪章　見直し対象外の年齢

南部義典

> **第11章のポイント**
> 1. 年齢条項の見直しの対象とならない法律には、どのようなものがあるか。また、どのように分類されるのか。
> 2. 年齢条項の見直しの対象とならない理由は何か。
> 3. 「18歳成人の制度改革」を完遂させるために、市民は何をすべきか（第2部の小括）。

1. 見直し対象外の法律の整理・分類

　国（国会、政府）においては、国民投票法〔平成19年5月18日法律第51号〕の制定を契機に、年齢条項の見直しが進められている。内閣には年齢条項の見直しに関する検討委員会（2007年5月17日〜現在）が、自由民主党政務調査会には成年年齢に関する特命委員会（2015年4月14日〜現在）が組織され、「18歳成人の制度改革」という大方針の下、「見直しの対象となる法律」と「見直しの対象とならない法律」の仕分けを行っている。

　ここまで、第7章（国民投票権年齢）から第10章（少年法適用対象年齢）まで、見直しの対象となる法律に関して個別に解説してきたが、他方、見直しの対象とならない法律についても、所管府省庁の見解がまとまり、その全体方針が固まりつつある。本章でまとめて解説する。

　見直し対象外の法律は非常に多岐にわたるところ、便宜上、次の11分野に整理し（表11-1）、以下（第1分野）から順に、主な法律について解説する。本章の内容は、2018年2月1日時点のものである。必ずしも網羅的でなく、その後の立法動向によって内容が変わりうることを予めお断りしておく。

表 11 - 1　見直し対象外の法律の分類

(第1分野) 健康被害の予防	(第7分野) 自立支援
(第2分野) 健全育成	(第8分野) 稼得能力
(第3分野) 児童福祉	(第9分野) 審判・訴訟
(第4分野) 就労の制限	(第10分野) 皇室
(第5分野) 免許の付与	(第11分野) 税制
(第6分野) 養育 (支援、能力)	

2.（第1分野）健康被害の予防

○未成年者喫煙禁止法〔明治33年3月7日法律第33号〕

　第1条（20歳未満の者の喫煙の禁止）

○未成年者飲酒禁止法〔大正11年3月30日法律第20号〕

　第1条（20歳未満の者の飲酒の禁止）

○風俗営業等の規制及び業務の適正化等に関する法律〔昭和23年7月10日法律第122号〕

　第22条第1項第6号（風俗営業所における20歳未満の者に対する酒類、たばこの提供禁止）

　第28条第12項第5号（店舗型性風俗特殊営業所における20歳未満の者に対する酒類、たばこの提供禁止）

　第31条の13第2項第6号（店舗型電話異性紹介営業所における20歳未満の者に対する酒類、たばこの提供禁止）

　第32条第3項（飲食店における20歳未満の者に対する酒類、たばこの提供禁止）

○たばこ事業法〔昭和59年8月10日法律第68号〕

　第40条第1項（たばこ広告における未成年者の喫煙防止に対する配慮義務）

○酒類の保全及び酒類業組合等に関する法律〔昭和28年2月28日法律第7号〕

　第86条の9第2項第1号（未成年者を酒類販売管理者に選任することの禁止）

○アルコール健康障害対策基本法〔平成25年12月13日法律第109号〕

　第2条（未成年者の飲酒による心身の健康障害等を「アルコール健康障害」と定義）

　まず、20 歳未満の者の喫煙、飲酒が禁止されている趣旨は、喫煙、飲酒に
よる健康被害と非行の防止にある。政府が行った「喫煙・飲酒の年齢制限に関
する特別世論調査」（2012 年[1]）では、喫煙、飲酒の年齢制限を「現行の年齢ど
おり 20 歳とする」との回答が、それぞれ 76.2%、77.2%と最も多くなってお
り、年齢を引き下げることには消極的な国民意識がうかがえる。日本医師会
も、飲酒については、①飲酒開始年齢が低いほどアルコール依存症になる確率
が高くなり、アルコール依存は薬物依存につながるリスクがあること、②「一
気飲み」等による急性アルコール中毒は、10 歳代でも相当数に上っているこ
と、③飲酒による暴力などの社会的問題を派生させるおそれがあること、喫煙
については、がんに限らず、脳卒中、心筋梗塞、CDPD（慢性閉塞性肺疾患）等
のリスクを増大させることを指摘し、年齢の引き下げに反対する見解を示して
いる[2]。

　風俗営業等の規制及び業務の適正化等に関する法律（風営法）が定める営業
所においては、20 歳未満の者に対する酒類、たばこの提供が禁止されている。
未成年者喫煙禁止法、未成年者飲酒禁止法の趣旨を補完するものである。

　なお、18 歳成年が実現した後は、未成年者喫煙禁止法、未成年者飲酒禁止
法という法律の題名が、その内容とそぐわないことになるため、題名のみ改正
する必要が生じる（「20 歳未満の者」とする現行条文の文言は、改正する必要がな
い）。

　また、たばこ事業法第 40 条第 1 項、酒類の保全及び酒類業組合等に関する
法律第 86 条の 9 第 2 項第 1 号およびアルコール健康障害対策基本法第 2 条は
それぞれ、未成年者喫煙禁止法、未成年者飲酒禁止法の立法趣旨に依拠してい
るため、成年年齢引き下げに連動させることはできない。18 歳成年法の整備
に合わせて、これらの条項中の「未成年者」を「満 20 歳未満の者」と改正す
る必要が生じる。

---

1)　内閣府大臣官房政府広報室「喫煙・飲酒の年齢制限に関する特別世論調査」（2012 年 9 月 6 日公表）
　　http://survey.gov-online.go.jp/tokubetu/h24/h24-nennrei_chosahyo.pdf（アクセス日：2018 年 2 月 1 日）。
2)　公益社団法人日本医師会「飲酒および喫煙年齢の引き下げに対する見解」（2015 年 9 月 9 日公表）
　　http://dl.med.or.jp/dl-med/teireikaiken/20150909_1.pdf（アクセス日：2018 年 2 月 1 日）。

3．（第 2 分野）健全育成

○スポーツ振興投票の実施等に関する法律〔平成 10 年 5 月 20〕
　〔日法律第 63 号〕
　第 9 条（19 歳未満の者のスポーツ振興投票券の購入、譲受の禁止）
　第 35 条（19 歳未満の者に対してスポーツ振興投票券の販売等を行った者に対
　する罰則）

　スポーツ振興投票の実施等に関する法律第 9 条は、19 歳未満の者がスポーツ振興投票券（toto）を購入したり、譲り受ける行為を禁止している。

　本条は数少ない、19 歳基準を採る年齢条項でもある。立法者はその理由について、青少年の健全育成の理念の上では高校生がサッカーくじを購入することは相応しくないため、高校卒業の平均的な年齢が 18 歳、19 歳未満であることを考慮し、19 歳未満の者を一律禁止したという趣旨を述べている。[3]

○競馬法〔昭和 23 年 7 月 13〕
　〔日法律第 158 号〕
　第 28 条（未成年者による勝馬投票券の購入等の禁止）
○自転車競技法〔昭和 23 年 8 月 1〕
　〔日法律第 209 号〕
　第 9 条（未成年者による車券の購入等の禁止）
○小型自動車競走法〔昭和 25 年 5 月 27〕
　〔日法律第 208 号〕
　第 13 条（未成年者による勝車投票券の購入等の禁止）
○モーターボート競争法〔昭和 26 年 6 月 18〕
　〔日法律第 242 号〕
　第 12 条（未成年者による舟券の購入等の禁止）

　これら四つの年齢条項は、表 9 - 1 で成年年齢に連動するものとして例示したが、形式的には連動する関係であっても、青少年の健全育成の観点から、政府はその連動を外し、20 歳基準を維持する方針である。[4] 自由民主党政務調査

3）　第 142 回国会衆議院文教委員会議録第 10 号（平成 10 年 5 月 8 日）9 頁（船田元議員）。
4）　読売新聞「ギャンブル年齢、20 歳以上　成人年齢改正後も」『読売新聞』2017 年 8 月 14 日付け朝刊。

会「成年年齢に関する提言」(2015 年 9 月 17 日)では、「公営競技が禁止される年齢[5]についても様々な意見があったことから、引き続き検討を行うものとする」と先送り的な表現をしている一方、政府は自由民主党の提言を踏まえ、「公営競技を行うことができる年齢については、これらの年齢の引下げを行わないこととされた場合には、「未成年者」を 20 歳未満の者という意味の文言に改正する必要がある(競馬法等)」との立場を固めている[6]。例えば、競馬法第 28 条は「満 20 歳に満たない者は、勝馬投票券を購入し、又は譲り受けてはならない」と、18 歳成年法の整備に合わせて改正されることになる。

○風俗営業等の規制及び業務の適正化に関する法律(再掲)

第 18 条(18 歳未満の者の立入り禁止の表示)

第 22 条第 1 項第 3 号～第 5 号(18 歳未満の者による客の接待等の禁止)

第 28 条第 5 項第 3 号(店舗型性風俗特殊営業を営む者が、広告制限区域等以外の地域において 18 歳未満の者に対してビラ等を頒布する行為の禁止)

第 28 条第 9 項および第 10 項(店舗型性風俗特殊営業に関する 18 歳未満の者の立入り禁止の表示義務など)

第 28 条第 12 項第 3 号および第 4 号(店舗型性風俗特殊営業所における 18 歳未満の者の接客業務の禁止など)

第 31 条の 3(無店舗型性風俗特殊営業に関する準用)

第 31 条の 8 第 1 項～第 4 項(映像送信型性風俗特殊営業に対する準用)

第 31 条の 10(18 歳未満の者を客としないための措置命令)

第 31 条の 11 第 2 項第 2 号(18 歳未満の者を客としないための措置命令に関する処分移送通知)

第 31 条の 13 第 1 項(店舗型電話異性紹介営業に対する準用)

第 31 条の 13 第 2 項第 3 号～第 5 号および第 7 号(店舗型電話異性紹介営業所における 18 歳未満の者の接客業務の禁止など)

---

5)　正確には、「公営競技における投票券の購入等が禁止される年齢」と表記すべきであろう。

6)　法務省民事局「成年年齢の引下げに伴う法整備の概要等について(自由民主党政務調査会成年年齢に関する特命委員会第 18 回会合配付資料)」(2016 年 10 月 21 日) 2 頁。

> 第 31 条の 13 第 3 項（申込者の年齢確認措置）
>
> 第 31 条の 18（無店舗型電話異性紹介営業に対する準用）
>
> 第 32 条第 3 項（飲食店営業に対する準用）
>
> 第 38 条第 2 項第 1 号（少年指導委員による補導）
>
> 第 50 条第 2 項（罰則）

　風営法は前記のとおり、風俗営業を営む者が 18 歳未満の者を営業所に客として立ち入らせることなどを禁止するなど、少年の健全育成を害する行為を防止する規定を置いている。これらの規定は、児童福祉法における児童概念（次節）と共通するところがあり、18 歳基準は維持される。

4．（第 3 分野）児童福祉

> ○児童福祉法〔昭 和 22 年 12 月 12 日法律第 164 号〕
>
> 　第 4 条（児童の定義＝満 18 歳未満の者）
>
> ○児童虐待の防止等に関する法律〔平 成 12 年 5 月 24 日法律第 82 号〕
>
> 　第 2 条（児童の定義＝満 18 歳未満の者）
>
> ○児童買春、児童ポルノに係る行為等の規制及び処罰並びに児童の保護等に関する法律〔平 成 11 年 5 月 26 日法律第 52 号〕
>
> 　第 2 条第 1 項（児童の定義＝ 18 歳に満たない者）
>
> ○青少年が安心してインターネットを利用できる環境の整備等に関する法律〔平 成 20 年 6 月 18 日法律第 79 号〕
>
> 　第 2 条第 1 項（青少年の定義＝ 18 歳に満たない者）

　児童福祉法における児童の定義が「満 18 歳未満の者」とされているのは、先行して制定された労働基準法〔昭 和 22 年 4 月 7 日法律第 49 号〕が 18 歳未満の者を以て「年少者」と定義していることに依拠したものである。[7] 成年年齢などとの関連性は低く、18

---

7)　第 1 回国会衆議院厚生委員会議録第 18 号（昭和 22 年 9 月 29 日）3 頁（米澤常道政府委員）。

歳基準は維持される。児童虐待の防止等に関する法律、児童買春、児童ポルノに係る行為等の規制及び処罰並びに児童の保護等に関する法律における児童概念も、児童福祉法上の定義に依拠している。また、青少年が安心してインターネットを利用できる環境の整備等に関する法律における青少年の定義も、立法趣旨としては児童福祉法上のものと変わらないため、18歳基準が維持される。

　なお、児童福祉法等の一部を改正する法律 $\left[\begin{smallmatrix}\text{平成 28 年 6 月 3 日}\\\text{号外法律第 63 号}\end{smallmatrix}\right]$ の立案の過程では、児童の保護範囲を拡大するため、その定義を「満20歳未満の者」と2歳引き上げる案も出たが、拡大した分の施策に係る予算措置が困難であったことに加え、同じ時期に18歳選挙権法の整備が進められていた中で、児童概念を拡大することを疑問視する声が上がり、立法化は見送られている。もっとも改正法には、原則20歳までを対象とする自立援助ホームにおいて、大学在学中などの場合に、22歳となる年度末まで利用可能とする措置（延長措置）が盛り込まれている（児童福祉法第6条の3第1項、第33条の6）。

5．（第4分野）就労の制限

○労働基準法 $\left[\begin{smallmatrix}\text{昭 和 22 年 4 月}\\\text{7 日法律第 49 号}\end{smallmatrix}\right]$

　第56条第1項（労働者の最低年齢＝満15歳に達した日以後の最初の3月31日の経過）

　第56条第2項（労働者の最低年齢の特則）

　第61条第1項本文（満18歳に満たない者の深夜業の禁止）

　第62条（満18歳に満たない者の危険有害業務の就業制限）

　第63条（満18歳に満たない者の坑内労働の禁止）

○船員法 $\left[\begin{smallmatrix}\text{昭和 22 年 9 月 1}\\\text{日法律第 100 号}\end{smallmatrix}\right]$

　第85条（年齢16年未満の船員の就業制限等）

　第86条（年齢18年未満の船員の夜間就業の禁止）

○警備業法 $\left[\begin{smallmatrix}\text{昭和 47 年 7 月 5}\\\text{日法律第 117 号}\end{smallmatrix}\right]$

8）　社会保障審議会新たな子ども家庭福祉のあり方に関する専門委員会「社会保障審議会新たな子ども家庭福祉のあり方に関する専門委員会報告（提言）」（2016年3月10日）6-7頁。

> 第 14 条第 1 項（18 歳未満の者の就業制限）
>
> 第 23 条第 5 項（警備員検定の合格証明書の交付等）

　労働基準法上の労働者の最低年齢は、当時の国際労働憲章（ベルサイユ条約第 13 編、1919 年）に依拠して決められたものである[9]。成年年齢の引き下げに関係なく、現行法上の年齢基準が維持される。

　船員法が定める就業年齢の制限は、労働基準法に依拠するものである。

　警備業法上の就業可能年齢は、18 歳未満の者が、犯罪などの発生を警戒し、防止する業務である警備業務に必要とされる判断力などが一般的に不十分であると考えられることを根拠としている。18 歳基準はそのまま維持される。

6.（第 5 分野）免許の付与

> ○船舶職員及び小型船舶操縦者法〔昭和 26 年 4 月 16 日第 149 号〕
>
> 　第 18 条第 2 項（20 歳に満たない者の、船長、機関長の就任禁止）
>
> 　第 21 条第 2 項（同上）

　船舶職員及び小型船舶操縦者法が定める船長、機関長の年齢（20 歳以上の者）は、STCW 条約（船員の訓練及び資格証明並びに当直の基準に関する国際条約）に準拠している。成年年齢の引き下げに関係なく、現行法上の年齢基準が維持される。

> ○銃砲刀剣類所持等取締法〔昭和 33 年 3 月 10 日第 6 号〕
>
> 　第 5 条第 1 項第 1 号（18 歳未満の者＝銃砲等の所持許可の欠格要件）
>
> 　第 5 条の 2 第 2 項第 1 号（20 歳未満の者＝猟銃等の所持許可の欠格要件）
>
> 　第 8 条第 1 項第 6 号（許可の失効）
>
> 　第 9 条の 13 第 1 項（年少射撃資格の認定）

---

9)　第 92 回帝国議会衆議院労働基準法案委員会議録第 2 号（昭和 22 年 3 月 12 日）5 頁（吉武恵市政府委員）。

> 第9条の15第1項第3号（19歳に達した者＝年少射撃資格の失効）
> 第10条の5第1項第1号および第3号（銃砲等の保管）
> ○鳥獣の保護及び狩猟の適正化に関する法律〔平成14年7月 12日法律第88号〕
> 　第40条第1号（18歳未満の者＝狩猟免許の欠格事由等）

　銃砲刀剣類所持等取締法（銃刀法）においては、銃砲刀剣類のような危険物を所持するには、危害予防の観点から、相当の肉体的、精神的成熟度が必要とされ、原則として18歳未満の者を銃砲刀剣類の所持許可の欠格要件としている。ただし、例外として、空気銃射撃競技の選手については、一定の条件の下、10歳から射撃を行うことができることとしており、威力が強く危険性の高い猟銃については20歳未満の者を欠格要件としている。これらの年齢要件は、銃砲の種別、威力、用途、その他の法令との関係などを考慮し、危害予防の観点から定められたものである。成年年齢の引き下げ等の影響はなく、現行法上の年齢基準が維持される。

　鳥獣の保護及び狩猟の適正化に関する法律（鳥獣法）は、2014年の題名改正の際〔平成26年5月 30日法律第46号〕、網猟免許およびわな猟免許に限り、その取得年齢を20歳以上の者から18歳以上の者に引き下げた経緯がある。銃猟による狩猟を行うには、鳥獣法に基づく狩猟免許（第一種銃猟免許または第二種銃猟免許）とは別に、銃刀法に基づく銃の所持許可が必要となる。現在まで、鳥獣法上の銃猟に関する年齢制限は、銃刀法における年齢制限と一致しており、今後も同様の扱いをすることが合理的と考えられている。

> ○道路交通法〔昭和35年6月25 日法律第105号〕
> 　第88条第1項第1号（第一種免許、第二種免許の取得年齢）
> 　第88条第2項（仮免許の取得年齢）

　道路交通法は、第一種免許、第二種免許の取得年齢として、大型免許は21歳以上、中型免許は20歳以上、普通免許、大型特殊免許、大型二輪免許およびけん引免許は18歳以上、普通二輪免許、小型特殊免許および原付免許は16

歳以上と定めている。これらは、道路交通の安全の観点等、法独自の必要性から設定された年齢基準である。また、道路交通に関する条約〔昭和39年8月 7日条約第17号〕においても、自動車を運転することができる年齢は、二輪を除いて最低18歳とされている。成年年齢の引き下げ等の影響はない。

> ○教育職員免許法〔昭和24年5月31 日法律第147号〕
> 　第 5 条第 1 項第 1 号（18 歳に満たない者＝普通免許の欠格事由）

　教育職員免許法は、質の高い教員の確保や生徒への教育上の効果を考慮し、高等学校を卒業する年齢に通常達していない 18 歳未満の者に免許状を授与することは適当でないと評価し、18 歳未満の者に普通免許を授与しないこととしている。成年年齢の引き下げ等の影響はなく、現行法上の年齢基準が維持される。

7．（第6分野）養育（支援、能力）

> ○児童手当法〔昭 和 46 年 5 月 27 日法律第 73 号〕
> 　第 3 条第 1 項（児童の定義＝ 18 歳に達する日以後の最初の 3 月 31 日までの間にある者）
> ○子ども・子育て支援法〔平 成 24 年 8 月 22 日法律第 65 号〕
> 　第 6 条第 1 項（子どもの定義＝ 18 歳に達する日以後の最初の 3 月 31 日までの間にある者）
> ○児童扶養手当法〔昭 和 36 年 11 月 29 日法律第 238 号〕
> 　第 3 条第 1 項（児童の定義＝満 18 歳に達する日以後の最初の 3 月 31 日までの間にある者）

　子ども・子育て支援法第 6 条第 1 項が定義する「子ども」は、児童手当法第 3 条第 1 項の「児童」の定義を踏まえて規定されている。子どものための現金給付（子ども・子育て支援法第 9 条、第 10 条）として児童手当が位置付けら

れており、概念を統一する必要があるためである。

　この点、児童手当の支給額の算定等に当たっての「児童」の定義については、現在、ほとんどの児童が高校まで進学し、高校を卒業するまでは親と生計を同じくするのが一般的であると考えられることから、児童を養育している家庭の家計の負担の軽減を図るという制度趣旨に則り、1994（平成6）年の児童手当法改正によって、「18歳未満」から「18歳に達する日以後の最初の3月31日までの間にある者」と改められている。[10]

　児童扶養手当は、父母が離婚するなどして父または母の一方からしか養育を受けられない一人親家庭などの児童のために、地方自治体から支給される手当である。前記の児童手当との併給も可能である。

○国民年金法〔昭和34年4月16日法律第141号〕

　　第33条の2（子の障害基礎年金の受給要件＝18歳に達する日以後の最初の3月31日までの間にある者）

　　第37条の2第1項第2号（子の遺族年金の受給要件＝18歳に達する日以後の最初の3月31日までの間にある者）

○厚生年金保険法〔昭和29年5月29日法律第115号〕

　　第59条第1項第2号（子または孫の遺族厚生年金の受給要件＝18歳に達する日以後の最初の3月31日までの間にある者）

○国家公務員共済組合法〔昭和33年5月1日法律第128号〕

　　第2条第3項（子または孫の要件＝18歳に達する日以後の最初の3月31日までの間にある者）

○地方公務員等共済組合法〔昭和37年9月8日法律第152号〕

　　第2条第3項（子または孫の要件＝18歳に達する日以後の最初の3月31日までの間にある者）

前記の法律が定める障害基礎年金、遺族基礎年金、遺族厚生年金および遺族

---

10)　児童手当法の一部を改正する法律〔平成6年3月31日法律第18号〕。

共済年金の受給等の要件は、一般的に高等学校を卒業する年齢（18 歳に達する日以後の最初の 3 月 31 日）とされている。これは、高校進学が一般化している社会状況を考慮して定められているものである。成年年齢の引き下げ等の影響はなく、現行法上の年齢基準が維持される。

○民法〔明治 29 年 4 月 27 日法律第 89 号〕
　　第 792 条（養親となることができる者の年齢＝成年年齢）

　民法は、成年に達した者は養子をとることができると定め、その養親年齢は、契約年齢、親権の対象となる年齢と一致している。成年年齢の引き下げとの関係が問題となるところ、法制審議会答申（2009 年 10 月 28 日）は、「養子をとるということは、他人の子を法律上自己の子として育てるという相当な責任を伴うことであり、民法の成年年齢を引き下げたとしても、養親年齢は引き下げるべきではなく、また、20 歳で養子をとることができるという現状で特段不都合が生じていないことからすると、現状維持（20 歳）とすべき」と結論付けている（第 9 章 3 (2)）。

8．（第 7 分野）自立支援

○児童福祉法〔昭和 22 年 12 月 12 日法律第 164 号〕
　　第 6 条の 2 第 1 項（小児慢性特定疾病の対象年齢＝児童または児童以外の満 20 歳に満たない者）
　　第 6 条の 3 第 1 項（児童自立生活援助事業の対象年齢＝義務教育を修了した児童または児童以外の満 20 歳に満たない者）
　　第 21 条の 5 の 13 第 1 項（放課後等デイサービス障害児通所給付費等の支給要件＝満 20 歳に達するまで）
　　第 31 条第 2 項（里親等への委託、児童養護施設等の入所の継続措置＝満 20 歳に達するまで）
○児童扶養手当法〔昭和 36 年 11 月 29 日法律第 238 号〕

第 3 条第 1 項（障害のある児童に対する児童扶養手当の支給要件＝ 20 歳未満で政令で定める程度の障害の状態にある者）

○特別児童扶養手当等の支給に関する法律〔昭和 39 年 7 月 2 日法律第 134 号〕

第 2 条第 1 項（特別児童扶養手当の支給対象となる障害児の年齢＝ 20 歳未満の者）

○母子及び父子並びに寡婦福祉法〔昭和 39 年 7 月 1 日法律第 129 号〕

第 6 条第 3 項（母子、父子福祉資金貸付の対象（児童）＝ 20 歳に満たない者）

児童福祉法が定める、支援を必要とする児童に関する諸制度は、義務教育を修了した児童に加え、児童以外の満 20 歳に満たない者も対象としている。

第一に、小児慢性特定疾病医療支援には、小児慢性特定疾病にかかっている児童または児童以外の満 20 歳に満たない者であって満 18 歳に達する日から引き続き小児慢性特定疾病医療支援を受けている者を対象としている。18 歳という年齢は一般的に高等学校在学中であり、また、治療のため長期間入院するなどのため、学校を長期間欠席し、進級や進学が遅れ、就学や就職に支障を来たし、児童の健全な育成が阻害されることを考慮し、18 歳に達する前に小児慢性特定疾病医療支援を受けていた者に限り、その対象年齢を 20 歳未満まで延長するものとしている。

第二に、児童自立生活援助事業は、2008（平成 20）年度までは、義務教育を修了した後に高等学校に進学しない者を念頭に、一定程度自立できるまで支援できるよう、児童を対象としていたが、児童養護施設入所児童の高等学校進学率が 9 割になる等により、自立できる年齢が上昇している現状に対応するため、児童福祉法等の一部を改正する法律〔平成 20 年 12 月 3 日法律第 85 号〕に基づき、対象年齢が引き上げられている。

第三に、放課後等デイサービスは、高等専門学校および特別支援学校専攻科の学生等についても、児童相談所の判定に基づき、必要があれば卒業まで当該サービスを利用することが可能になっている。

第四に、里親等への委託、児童養護施設等への入所に関して、都道府県は必要と認める場合、20 歳に達する日までの措置延長が可能となっている。

　また、児童扶養手当法、特別児童扶養手当等の支給に関する法律[11]は、20 歳未満で精神または身体に障害を有する児童を家庭で監護、養育している父母等に、扶養手当を支給する旨定めている。

　さらに、母子及び父子並びに寡婦福祉法は、民法上の扶養関係のある母子家庭、父子家庭を一体としてとらえるため、現行民法上の未成年者を「児童」と定義している。

　これらの制度の重要さは言うまでもなく、制度を利用する 18 歳、19 歳の者が多い実態に鑑み[12]、20 歳基準は維持される。

9.（第 8 分野）稼得能力

○国民年金法〔昭和 34 年 4 月 16 日法律第 141 号〕
　　第 7 条第 1 項第 1 号（被保険者年齢＝ 20 歳以上 60 歳未満の者）

　年金制度は、老齢等により稼得能力が失われた場合の所得保障を行うものであり、保険料を納付する被保険者については、稼得能力を持つ者、すなわち、一定の所得を上げ得る者であることが必要との前提に立っている。

　この点、被用者年金（厚生年金、国家公務員共済組合、地方公務員共済組合および私立学校教職員共済）については、雇用という客観的な事情により稼得能力を有することを明らかにすることができる一方、雇用関係を前提としない国民年金制度については、一般に就労していると考えられる年齢により一律に区分することとし、法の制定以来、20 歳以上の者が被保険者とされている。成年年

---

11)　制定時は重度精神薄弱児扶養手当という名称であったが、重度精神薄弱児扶養手当法の一部を改正する法律〔昭和 41 年 7 月 15 日法律第 128 号〕により、現在の名称に改正された。

12)　厚生労働省「成年年齢に関する検討状況（自由民主党政務調査会成年年齢に関する特命委員会第 18 回会合配付資料）」（2016 年 10 月 21 日）によると、児童福祉法上の諸制度だけみても、児童自立生活援助事業の利用 188 人（2013 年 2 月の 1 カ月間）、小児慢性特定疾病医療費の支給実績約 7,000 人（2012 年度の 1 年間）、里親等への委託、児童養護施設等への入所者数 2,102 人（2013 年 2 月の 1 カ月間）、障害児入所施設の入所 463 人（2016 年 4 月の 1 カ月間）、放課後等デイサービスの利用 1,060 人（2016 年 6 月の 1 カ月間）に及んでいる。

齢の引き下げ等の影響はなく、現行法上の年齢基準が維持される。

10.（第9分野）審判・訴訟

○民事訴訟法〔平成8年7月16〕
　　　　　　　　〔日法律第109号〕
　　第201条第2項（証人尋問で宣誓をさせることができない者＝16歳未満の者）
○人事訴訟法〔平成15年7月16〕
　　　　　　　　〔日法律第109号〕
　　第32条第4項（附帯処分の裁判等における子の陳述＝15歳以上）
○家事事件手続法〔平成23年5月〕
　　　　　　　　　　〔25日法律第52号〕
　　第152条第2項（子の監護に関する処分の審判における子の陳述＝15歳以上）

　民事訴訟法、人事訴訟法および家事事件手続法が定める、宣誓、陳述等の年齢は、それぞれの立法目的に従って定められている。成年年齢の引き下げ等の影響はなく、現行法上の年齢基準が維持される。

11.（第10分野）皇室

○皇室典範〔昭和22年1月〕
　　　　　　　〔16日法律第3号〕
　　第22条（天皇、皇太子および皇太孫の成年年齢＝18歳）

　皇室典範は、民法第4条の特則として、天皇、皇太子および皇太孫の成年年齢を18歳と定めている。

　この理由は、①天皇については、天皇が未成年の場合に置かれる摂政（皇室典範第16条第1項）の設置期間をできる限り短くするため、②皇太子および皇太孫については、皇太子および皇太孫による摂政就任の機会を、他の摂政就任資格者よりも早めるため（同第17条）、③国事行為（憲法第7条）の実施は、18歳でも十分可能と考えられるため、である。元々、民法の特則として定められている経緯を踏まえ、18歳成年が維持される。

　もっとも、成年年齢が18歳に引き下げられれば、本条の規定は無意味にな

るので、削除される見通しである。皇室典範第 4 章表題中の「成年」も同様である。

12.（第 11 分野）税制

○国税徴収法〔昭和 34 年 4 月 20 日法律第 147 号〕

　　第 144 条後段（捜索立会人の要件＝成年に達した者 2 人以上）

○国税犯則取締法〔明治 33 年 3 月 17 日法律第 67 号〕

　　第 6 条（捜索立会人の要件＝成年ニ達シタル者）

○関税法〔昭和 29 年 4 月 2 日法律第 61 号〕

　　第 129 条（責任者等の立会い＝成年に達した者）

○税理士法〔昭和 26 年 6 月 15 日法律第 237 号〕

　　第 4 条第 1 号（税理士の欠格事由＝未成年者）

○酒税法〔昭和 28 年 2 月 28 日法律第 6 号〕

　　第 10 条第 3 号（製造免許の消極的要件＝未成年者）

○相続税法〔昭和 25 年 3 月 31 日法律第 73 号〕

　　第 19 条の 3（未成年者控除）

○租税特別措置法〔昭和 32 年 3 月 31 日法律第 26 号〕

　　第 70 条の 2 第 2 項（直系尊属から住宅取得等資金の贈与を受けた場合の贈与税の非課税に係る特定受贈者の年齢要件＝ 20 歳以上）

○東日本大震災の被災者等に係る国税関係の臨時特例に関する法律〔平成 23 年 4 月 27 日法律第 29 号〕

　　第 38 条の 2 第 2 項第 1 号ロ（東日本大震災の被災者が直系尊属から住宅取得等資金の贈与を受けた場合の贈与税の非課税に係る被災受贈者の年齢要件＝ 20 歳以上の者）

○地方税法〔昭和 25 年 7 月 31 日法律第 226 号〕

　　第 24 条の 5 第 1 項第 2 号（個人の道府県民税の非課税の範囲＝未成年者）

　　第 295 条第 1 項第 2 号（個人の市町村民税の非課税の範囲＝未成年者）

　最後に、税制関係の年齢条項である。政府内でも当然、個別の検討が進められてきたが、自由民主党は「民法上の「成年」を引用したり、民法上の成年年齢を前提とした制度であるが、税制に関する事項であるため、我が党の税制調査会における検討に委ねる必要がある。[13]」と結論付けている。

　表 9 - 1 でも、成年年齢の引き下げに連動するものとして例示したが、あえて政治案件として扱い、その連動を外すかどうかも含め、税制調査会で然るべき時期[14]に検討されることになる。現時点において、見直しの対象外とすることが確定しているわけではない。この意味で、第 1 から第 10 までの分野とは整理の趣旨が異なる。

13. 小括

　以上、第 2 部では、年齢制度の法体系、年齢条項の見直しに関する具体的な動向について、立法（政策、過程）論の立場から述べてきた。

　省みれば、法律学は、伝統的に「縦割り」分野で成り立っているため、意識して個別法領域内の論点に矮小化し、狭視眼的な議論に陥りがちである。しかし、ことさら年齢制度に関しては、手続論、技術論に塗れ（まみ）ながらも、「横割り」の視点で均衡のとれた立法解決を図っていく必要がある。それは、機械、車、楽器のチューンアップの如き、アナログチックであり、慎重さを要する作業でもある。

　「18 歳成人の制度改革」は、これから正に佳境を迎える。残された法整備（18 歳成年法、18 歳少年法など）を全うするためには、安定した政治主導が必要である。安定した政治主導をもたらすには、何より、制度改革を成し遂げようとする市民の高い関心、強い意欲が不可欠となる。時代の推移とともに、年齢階梯（通過儀礼の連続性）の意義は相対化しているが、今後の制度改革は、近代的意味の年齢法制の変容と同時に、蜘蛛の巣のように張った現代的意味の年齢法制との相克、緊張をもたらすものである。制度改革の意義を手続論、技術論として語ることは容易である一方、最後は時代、世代を超えた市民社会の受け

---

13)　自由民主党政務調査会「成年年齢に関する提言」（2015 年 9 月 17 日）2 頁。
14)　遅くとも、18 歳成年法案の閣議決定までに、結論を出す必要がある。

止め、諒解の問題になる。他人事ではなく「自分事」として、市民自身が制度改革の帰趨を見定めていかなければならない。

　特に、市民一人ひとりの利益に適い（不利益を最小化し）、その自律意識の高揚を扶ける制度改革を成し遂げるために、市民自身が、国会、政府の動きに対して、不断の監視、監督を行わなければならない。政治主導は決して、"政治任せ"と同義ではない。この点、国民投票法がもたらした失敗と混乱、その後の再興の過程では、市民の監視、監督が緩慢になり、政治主導が機能不全に陥った場合に生じる法的な不都合（社会的な損失）が露呈した。立法上の事故、過誤は、自然と治癒（解決）することはない。同様の失敗を繰り返し、混乱を招くことは、民主国家として到底、許容されるものではない。

　市民の関心の高まりは、政策レベルでの新たな課題の発見にも結実する。今後の諸立法の成果が、市民社会の新たな展開、立憲社会の発展に資することを願いつつ、筆を擱かせていただく。

18歳成人・18歳選挙権に関連した市民教育の参加体験型の教材である。ここでは、「『おとな』になるってどういうこと」「模擬選挙をやってみよう」「世界がもし100人の村だったら」の3教材を掲載する。いずれも、開発教育協会編（2016）『18歳選挙権と市民教育ハンドブック』より収録した。同ハンドブックでは「個人と社会」「学校と参加」「地域の課題」「国と選挙」「グローバル社会」「メディア・リテラシー」をテーマに合計18の参加体験型教材が紹介されている。

1 「おとな」になるってどういうこと

ねらい　「おとな」が何歳からなのかは、法律でもさまざまに定められている。身体的な成熟が早まる一方で、社会で「一人前」と認識されるまでの年齢は延びている。中学生〜大学生の年齢層は青年期であり、子どもと大人の中間的な存在である。「おとな」とは何なのかを考え、今後自分たちが目指すおとな像を話し合うのが本ワークのねらいである。

準備するもの
- 付箋紙……一人3〜5枚程度
- 模造紙……グループ数分
- マジックまたはサインペン……グループ数分

所要時間　40〜60分

進め方

1. 参加者を4〜6人のグループに分ける。
2. 参加者に付箋紙を3〜5枚配布する。付箋紙に「おとな」のイメージを書いてもらう。一枚に必ず一項目とする。

   例）仕事につく、結婚する、子どもをつくれる体になる、責任がとれる、子どもがいる、など
3. 模造紙の横軸に10歳きざみで50歳くらいまでを記入する。
4. 模造紙の上半分に、各自の付箋紙を該当する年齢のところに貼る。幅がある場合は自分が想定する年齢の近くに貼る。

   例）選挙権→18歳、職に就く→18〜24歳くらい
5. 進行役が法律などの「おとな」について解説して、下半分に別の色の付箋紙を貼る。（表資-1を参照）

   例）平均初潮年齢→12歳くらい、女性の結婚可能年齢→16歳、参議院の被選挙権→30歳
6. 模造紙を見ながら、グループごとに「おとな」とは何かを話し合う。
7. 各グループの意見をシェアする。
8. 時間があれば、自分がなりたい「おとな」像について話しあう。

表資-1 「おとな」の年齢（2018年1月現在）

12歳	女子の初潮の平均年齢
13歳	男子の精通の平均年齢
15歳	義務教育（中学校）修了／「元服」（江戸時代の成人式）
16歳	女子の結婚（親の同意必要）
18歳	普通選挙の投票／働くことができる／男子の結婚（親の同意必要）／自動車免許の取得（親の同意必要）
20歳	成人式に出席（民法の成人）／スマホなどの契約ができる／飲酒・喫煙／馬券が買える／刑法の適用（少年法からはずれる）
25歳	衆議院・市町村長の被選挙権
30歳	参議院・都道府県知事の被選挙権

2　模擬選挙をやってみよう

ねらい　　2008年以降、未成年の模擬選挙の活動が日本でも広まった。模擬選挙を通して、実際の選挙のやり方を理解する。選挙で焦点となっている社会的課題とそれらに対する候補者や政党の考えを明らかにする。候補者の意見を参考に、自分たちの意見を出し合い、情報収集や議論のしかたを学ぶ。

準備するもの　●投票用紙、集計用紙（ウェブサイトで入手可能。189頁参照）

●投票箱、記載台（選挙管理委員会で貸出可の場合あり）

●模造紙……グループ数分

所要時間　80〜90分 + 模擬投票に要する時間

進め方　Step1　選挙に関するクイズ（20〜30分）

1. 選挙について興味を持ってもらうために、選挙に関するクイズを行う。

問1　以下の3人で選挙に投票できる人は誰でしょうか。

A．選挙の告示日に18歳の誕生日を迎える人

B．選挙の投票日当日に18歳の誕生日を迎える人

C．選挙の投票日翌日に18歳の誕生日を迎える人

答え　**3人ともに投票できる**：満18歳以上かどうかの算定は、投票日時点において行うこととされている。年齢については、生まれた年の翌年の誕生日の前日に満1歳になるとされているから、投票日の翌日が18歳の誕生日である人まで選挙権を有することになる。

問2 引っ越しで現在住んでいる市町村に住民票を移して2カ月経過している。現在住んでいる市町村で地方自治体選挙がある場合に投票できるか。

答え ×**投票できない**：選挙で投票するためには，選挙権を有しているだけでなく、選挙人名簿に登録されていることが必要である。選挙人名簿に登録されるためには，年齢満18歳以上の日本国民で、その市区町村において住民票が作成された日または転入届を行った日から引き続き3カ月以上住民基本台帳に登録されていることが必要となる。立候補者の関係者が選挙直前に大量に住民票を移すなどの不正を防ぐためである。

問3 候補者（政党）の得票数が同数の場合、どのように当選を決めるか。
A．じゃんけんで決める
B．年齢が上の候補者が当選する
C．決選投票する
D．当該選挙において、全国で議席数の多い政党の候補者が当選する
E．くじで決める

答え E．**くじで決める**：公職選挙法第95条2項には、「当選人を定めるに当り得票数が同じであるときは、選挙会において、選挙長がくじで定める」と記載されている。

問4 白票は無効票として扱われるか。

答え ○**無効票として扱われる**：白票については議論が分かれる。一つに投票しないよりは、ましだという考え方で、白票が多かったということが当選者への「支持されて当選された訳ではない」という意思表示になるという意見

である。もう一つは、無効票になるのなら、投票しないのと同じであり、投票所に行って投票するならば誰かに投票するべきである、という意見である。

Step2　選挙の争点についての議論（60分）

実際の選挙の場面で、現在焦点となっている社会的課題とそれらに対する候補者や政党の考えを知る。

1. グループに分かれ、選挙広報のポスターやチラシ集めをする。
2. 比較する項目（選挙で焦点となっている社会的テーマ）をグループで設定をする。テーマは事前に設定してもよい。

   〈国政選挙〉各政党のマニフェスト、それに加えて自分が実際に住んでいる地域の候補者のマニフェストを参考にするとよい。

   〈地方選挙〉自治体首長選挙の場合は、個人個人のマニフェストを検討する。議会選挙で候補者が多い場合は、各政党や無所属の人を数名ピックアップする方法もある。
3. 設定したテーマについて、各党の主張を模造紙にまとめる。

例：

	公明党	民進党	自民党	共産党	○○党
キャッチフレーズ					
福祉					
経済					
外交					
税金					
・・・・					

4. まとめたことをグループごとに発表する。疑問が出てきたら、電話で問い合わせするとよい。

5. グループに分かれて各トピックの争点について話し合う。グループでできる限り多様な意見を出すこと、相手が何を言いたいのかをきちんと確認すること、が大切である。できるだけ異なった意見が出るよう、他人が話を出しやすくなるような配慮をしながら進める。

Step3　模擬投票を実施する

1. 模擬投票の実施に必要な用品を準備する。
   ・投票用紙−模擬選挙推進ネットワークが準備したものを利用するとよい。アレンジを加えることもできる（性別、年齢、選挙区名、候補者・政党名記入欄、投票した理由、感想）。投票用紙を学年ごとに色を変えると、集計する際に見分けがつく。
   　→ホームページ・未成年模擬選挙　http://www.mogisenkyo.com/
   ・投票箱−学校や地域で、ダンボールなどを使って作成する。選挙管理委員会から借りることもできる。
   ・集計用紙：投票結果を集計するための集計用紙を用意する。
   ・記載台：選挙管理委員会から借りることもできる。
   ・模擬選挙を呼び掛けるポスター等。
2. 模擬投票を実施する。
   （1）授業時間内で投票を行う場合
   ・投票用紙を全員に配布する。その際、棄権や白票についても説明する。
   ・教壇などに置いた投票箱に、生徒が順番に投票する。
   （2）授業時間外（昼休み、放課後など）で投票を行う場合
   ・投票所に生徒に来てもらい、投票用紙を配布する。その際、名簿で確認をすると二重投票の防止になるほか、投票

率を計算することができる。

※投票所の運営を、生徒に担ってもらうと、生徒が主体的に関われるようになる。

※投票日に校内放送などで投票を呼び掛けると、学校全体が模擬選挙の雰囲気になる。

3. 開票し、集計用紙に集計する。一覧表にまとめる。

実際の選挙の結果が公表された後に、模擬選挙の結果を公表する。

※模擬選挙の結果の公表は、実際の選挙結果が公表された後に行う必要がある（公職選挙法第 138 条の 3「人気投票の公表の禁止」）。特に生徒による開票作業を実施した場合は、その旨、生徒に伝えておくことが必要。

4. 実際の開票結果と自分たちの投票結果を比べて、感想を出し合う。

留意点

・初めて実施する際には、「模擬選挙推進ネットワーク」に相談するとよい。同ネットワークのウェブサイトには、模擬選挙の実施方法、実践モデルや実践事例、ダウンロード資料などが掲載されている。

http://www.mogisenkyo.com/

・事前に各選挙管理委員会と連絡をとっておくとよい。実施のしかたについてのアドバイスや、投票箱・記載台の貸与、広報資料などを提供してもらえる。

・模擬投票の実施に当たっては、事前に保護者に連絡しておく必要がある。

・模擬選挙推進ネットワークに選挙結果を知らせることで、全国的な集計に加えてもらえる。全国の模擬投票の結果との比較が可能になる。

3　世界がもし 100 人の村だったら

ねらい　「世界がもし 100 人の村だったら」は、2000 年頃にネット上で構想された物語である。日本語版は、2001 年に池田香代子さんのアレンジで紹介されている。そのワークショップ版は、2003 年に開発教育協会から出版されている。「100 人村ワークショップ」は、世界人口を 100 人に換算して、人口や言語、所得などを簡単な数字であらわすことによって、世界の現実を理解し、この地球における自分の立ち位置を体験的に理解することをねらいとしている（第 5 章 79 頁参照）。

準備するもの　『ワークショップ版　世界がもし 100 人の村だったら』（開発教育協会刊）に指示されているもの
- ●役割カード（図資-1）……一人 1 枚
- ●各大陸の面積を表すロープ
- ●富の分配を象徴するお菓子（飴など）……人数分
- ●識字カードと 3 種類の飲み物（水、および塩、砂糖入りの水のペットボトル）
- ●「100 人村」メッセージ全文のコピー……人数分

所要時間　100 〜 120 分

参加者　30 〜 50 人が適正人数だが、100 人以上でも実施は可能

進め方　Step1　100 人村ワークショップの体験（50 分）
　1. 現在の世界の人口に関するクイズを行う。
　2. 役割カードを配る（図資-1）。役割カードの「言語」に

従って挨拶し、同じ挨拶の人で集まる。

3. 集まったら、世界で話されている言語について解説する。

4. 役割カードにある「子ども」「大人」「65歳以上」に従って移動し、年齢別に分かれる。先進国での高齢化、少子化、開発途上国での子どもの多さを説明する。

5. 役割カードに従って、「アジア」「ヨーロッパ」「アフリカ」「北米」「中南米」「オセアニア」の地域に移動する。

6. 地域ごとに集まったら、各地域の広さを示すロープで囲い、地域別の人口密度を体感する。アジアはたいへん窮屈なので、感想を尋ねる。

7. 次に世界の富の分配の不公平について、お菓子（例：飴100個）を示しながら説明する。その際、日本、ドイツ、アメリカ、ブラジル、南アメリカなどを取り上げ、各地域内での富の偏りについても触れていく。

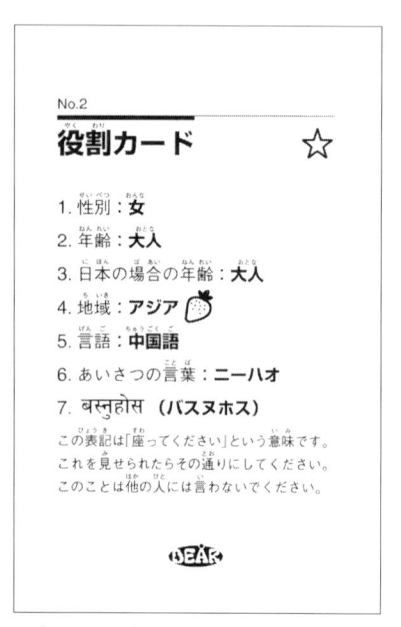

図資 - 1　役割カード

8. 「村の中で、6人がすべての富の59%を持っていて、みんなアメリカ合衆国の人で、74人が残りの39%を、20人がたったの2%を分け合っている」と説明する。

9. 実際に、お菓子をくばって、富の偏りや分かち合うことの体験をする。

10. 次に、識字の体験をする。全員起立する。ネパール語で書かれた文字を示して、役割カードの指示に従うように告げる。大多数の人は意味が分かるのでその場に座る。立ったままの人は文字が読めない人である。世界には非識字者が20%いることを伝える。

11. 字が読めなかった人に前に出てもらう。家族が病気になって薬局で薬を買う必要があることを伝え、代表者が、「水」「毒」「薬」とネパール語で書かれたペットボトルを選ぶ。その味を尋ね、文字を知ることの大切さを伝える。

Step2　「100人村」の朗読とふりかえり（50分）

1. 「100人村」の原文のコピーを配る。

2. 一節ずつ順番に朗読してもらう。

3. 自分が「もっとも関心をもった節」「もっとも感銘を受けた節」に印をつけてもらう。

4. グループに分かれて、印をつけた節とその理由について話し合う。

5. 各グループごとに、どのような話し合いをしたかを全体に対して発表する。

参考文献　池田香代子著、ダグラス・スミス対訳（2001）『世界がもし100人の村だったら』マガジンハウス
開発教育協会編（2016）『ワークショップ版　世界がもし100人の村だったら（第5版）』

資料 ② 成人年齢関係年表

西暦	元号	成人年齢関係事項	一般社会
1868	明治元		明治政府成立
1872	5		「学制」施行
1873	6	徴兵令 (満20歳を徴兵年齢に)	
1876	9	太政官布告第41号 (丁年 (成人年齢) を満20歳とする)	
1889	22		大日本帝国憲法発布
1896	29	民法制定 (成年を満20歳とする)	
1900	33	未成年者喫煙禁止法 (未成年者は20歳未満)	
1922	大正11	未成年者飲酒禁止法 (未成年者は20歳未満) 旧少年法制定 (満18歳未満を少年とする)	
1925	14	普通選挙法制定 (満25歳以上の男子成人に選挙権)	
1927	昭和2	徴兵検査導入される	
1945	20	「衆議院議員選挙法中改正法律」公布 (満20歳以上の男女成人に選挙権)	第二次世界大戦終結
1946	21	埼玉県蕨市青年団が「青年祭」を実施 (最初の成人式)	日本国憲法公布
1947	22	児童福祉法制定 (児童は18歳未満) 労働基準法制定 (年少者は18歳未満) 皇室典範制定 (天皇、皇太子、皇太孫の成年年齢は18歳)	教育基本法、学校教育法制定
1948	23	国民の祝日に関する法律 (成人の日が祝日に) 現行の少年法制定 (少年は20歳未満)	世界人権宣言
1949	24		社会教育法制定
1950	25	公職選挙法制定 (選挙権は満20歳以上)	
1969	44	イギリス、選挙権年齢・成人年齢を18歳に引き下げ	
1970	45	ドイツ、選挙権年齢を18歳に引き下げ	
1971	46	自治省「政治意識に関する世論調査」を実施 アメリカで多くの州が選挙権年齢を18歳に引き下げ	
1974	49	ドイツ、成人年齢を18歳に引き下げ	
1981	56		難民の地位に関する条約批准

西暦	元号	成人年齢関係事項	一般社会
1985	60	日本青年団協議会が18歳選挙権の早期実現を要望	女子差別撤廃条約批准、男女雇用機会均等法、国際青年年
1989	平成元	国連・子どもの権利条約を採択（子どもの定義は18歳未満）	
1994	6	日本政府、子どもの権利条約批准	
1995	7		人種差別撤廃条約（加入）、国連人権教育のための10年（〜2004）、育児・介護休業法
1997	9	「参議院50周年記念子ども国会」開催（8月）	
1999	11		男女共同参画社会基本法
2000	12	参議院「2000年子ども国会」開催 18歳以上を対象とする「合併の是非を問う市民意向調査」（旧田無市、旧保谷市） 総選挙における選挙公約に民主党、公明党、共産党、社民党が「18歳選挙権」を掲げる 民主党が「成年年齢の引き下げ等に関する法律案」を提出（廃案に） Rights主催「国会議員シンポジウム『若者の政治参加をめざして—選挙権年齢引き下げを考える』」	
2001	13	「荒れる成人式」がメディアを賑わす NPO法人Rights主催「選挙権年齢の引き下げを考える国会集会」（2月） 「選挙権年齢の引き下げを求める国会議員懇談会」結成（3月） 「政治倫理の確立及び公職選挙法改正に関する特別委員会」で遠藤和良副大臣が、「民法上の成人という規定と公職選挙法上の選挙権年齢は、理論的には一致する必然性はない」と答弁（6月）	国連ミレニアム開発目標（〜2015） アメリカ同時多発テロ
2002	14	中高生を対象にした国会議員インターンシップ「ユースインターンシップ」をNPO法人Rightsが実施 秋田県岩城町、日本で最初の18歳以上の住民投票実施（投票率81.24%、うち未成年68.46%） 以後、住民投票において、投票年齢を18歳、16歳、15歳などに引き下げる自治体が出てくる 町田市長選挙にて「ユース"模擬"町田市長選挙」実施	サッカー日韓ワールドカップ開催
2003	15	長野県平谷村、中学生に投票権を付与した住民投票実施（5月）	

西暦	元号	成人年齢関係事項	一般社会
2003	15	内閣府に対して、NPO 法人 Rights が「18 歳投票権・構造改革特区提案」(10 月) 「ユース "模擬" 総選挙 2003」実施 (11 月) (7 校・2009 票)	
2004	16	「第 1 回子ども国会」開催 (4 月／子ども国会実行委員会) ／以後、毎年開催 「未成年 "模擬" 参議院選挙 2004」実施 (7 月) (22 校・3658 票)	
2005	17	「未成年 "模擬" 総選挙 2005」実施 (9 月) (42 校・6099 票) 衆議院に「日本国憲法に関する特別調査委員会」設置 (9 月)	国連持続可能な開発のための教育10年 (〜2014)、地球温暖化に関する京都議定書発効
2006	18	経済産業省が「シティズンシップ教育と経済社会での人々の活躍についての研究会」報告書発行 (3 月) 模擬選挙推進ネットワーク設立 (11 月)	教育基本法改正
2007	19	教育再生会議 (第一次安倍内閣時代) で主権者教育としての模擬選挙の実施を検討 「日本国憲法の改正手続に関する法律 (憲法改正国民投票法)」を国会で可決 (5 月) ／3 年後 (2010 年) から施行 内閣に「年齢条項の見直しに関する検討委員会」設置 (5 月) 「未成年 "模擬" 参議院選挙 2007」実施 (7 月) (40 校・8215 票)	
2008	20	神奈川県教育委員会が「シチズンシップ教育」に取り組み、実践研究校 5 校で模擬選挙を実施	
2009	21	「未成年 "模擬" 総選挙 2005」実施 (8 月) (20 校・4544 票) 法制審議会「民法の成年年齢の引下げについての最終報告書」を提出 (10 月)	総選挙で政権交代 (民主党政権に)、裁判員制度始まる
2010	22	「未成年 "模擬" 参議院選挙 2010」実施 (7 月) (22 校・5673 票)	
2011	23	神奈川県教育委員会が、全県立高校において「シチズンシップ教育」の一環として模擬選挙を実施 (参院選)	東日本大震災、福島第一原発事故
2012	24	総務省が「常時啓発事業あり方等研究会」を最終報告 (主権者教育の必要性を強調) 参議院「子ども国会〜復興から未来へ〜」開催 インターネット選挙運動解禁を求める「One Voice Campaign」プロジェクトがスタート 『僕らの一歩が日本を変える。』設立、〈高校生 100 人 × 国会議員　Vol.01〉開催 (8 月) 「未成年 "模擬" 総選挙 2012」実施 (12 月) (29 校・5721 票)	領土問題で日中関係、日韓関係が悪化 総選挙で自民・公明連立政権
2013	25	公職選挙法改正 (4 月) (インターネットを利用した選挙運動が可能に) 「未成年 "模擬" 参議院選挙 2013」実施 (7 月) (34 校・10608 票) 文部科学省の審議官 (初中局) が、模擬選挙を実施している都立高校を視察	障害者差別解消法 (2016 年施行)

西暦	元号	成人年齢関係事項	一般社会
		文部科学省が、模擬選挙（参院選）に対して名義後援を付与	2020年に東京オリンピック開催決定
2014	26	文科省「未来の主権者育成プログラム」を予算要求（2014年度実施） 「改正国民投票法」施行（6月） 選挙権年齢引き下げについて与野党でプロジェクトチーム 選挙権年齢を引き下げる公選法改正案を臨時国会に提出／衆議院解散・総選挙に伴い廃案 「未成年"模擬"総選挙2014」実施（12月）（42校・8343票）	
2015	27	自民・民主・維新・公明・次世代・生活の与野党6党が、選挙権年齢を現在の「20歳以上」から「18歳以上」に引き下げる公職選挙法改正案を衆議院に提出（3月） 自民党政務調査会に「成年年齢に関する特命委員会」を設置（3月） 公職選挙法改正案成立（6月）／選挙権年齢が「18歳以上」に 「高校生のための議員インターンシップ」開催（7月／NPO法人i-cas） 文科省・総務省が、政治教育のための副教材「私たちが拓く日本の未来　有権者として求められる力を身に付けるために」を公表（9月） 「安保法制に反対する高校生原宿デモ」（11月／T-nsSOWL）	国会で集団的自衛権の論議
2016	28	「参議院議員選挙福岡選挙区　公開討論会」開催（3月／高校生のための模擬選挙実行委員会） 「全国高校生未来会議」開催（3月／一般社団法人リビジョン） 文科省「高等学校等における政治的教養の教育と高等学校等の生徒による政治的活動等について（通知）」発出（10月） 18歳選挙権施行（6月19日以降） 福岡県うきは市長選挙にて、全国初の「18歳選挙権」による選挙（7月3日投開票） 18歳選挙権による初の国政選挙、第24回参議院議員選挙（7月10日投開票）	国連持続可能な開発目標（SDGs）（〜2030） ヘイトスピーチ解消法
2017	29	消費者委員会（内閣府）「成年年齢引下げ対応検討ワーキング・グループ報告書」発表（1月） 衆議院解散、総選挙の実施（10月22日投開票）	新学習指導要領（小中学校）公示

執筆者紹介（＊は編著者）

＊田中治彦（たなか・はるひこ）……………………………………序章・第1・5章

林大介（はやし・だいすけ）……………………………………………第2・3章
東洋大学社会学部社会福祉学科非常勤講師、立教大学兼任講師、東洋大学ボランティア支援室ボランティア・コーディネーター。修士（政治学）。認定 NPO 法人チャイルドライン支援センター事務局長、文部科学省生涯学習政策局政策課専門職などを経て、現職。専門は政治学、非営利活動論など。実際の選挙に合わせた「未成年模擬選挙」の普及、啓発活動に取り組む。主な著書は『「18 歳選挙権」で社会はどう変わるか』（集英社新書）など。

藤原孝章（ふじわら・たかあき）…………………………………………第4章
同志社女子大学現代社会学部現代こども学科教授。博士（教育文化学）。富山大学教育学部教授をへて現職。日本国際理解教育学会会長。専門は社会科教育、国際理解教育、グローバル教育。主な著書は『グローバル教育の内容編成に関する研究』（風間書房）、『シミュレーション教材「ひょうたん島問題」』（明石書店）、『SDGs と開発教育』（共著、学文社）、『国際理解教育ハンドブック』（共編著、明石書店）、『大学における海外体験学習への挑戦』（共編著、ナカニシヤ出版）など。

南部義典（なんぶ・よしのり）…………………………………………第6-11章
シンクタンク「国民投票広報機構」代表。衆議院議員政策担当秘書、慶應義塾大学大学院法学研究科講師（非常勤）を歴任。専門は国民投票法制、国会法制、立法過程。国民投票法の立案に関与し、以後研究を継続するとともに、望ましい制度設計に向けた提言等を行っている。主な著書は『図解 超早わかり国民投票法入門』（C&R 研究所）、『Q&A 解説憲法改正国民投票法』（現代人文社）、『動態的憲法研究』（共著、PHP パブリッシング）など。

編著者紹介

田中治彦（たなか・はるひこ）

上智大学総合人間科学部教育学科教授。博士（教育学）。（財）日本国際交流センター、岡山大学教育学部、立教大学文学部を経て 2010 年より現職。専門は青少年の社会教育と ESD（持続可能な開発のための教育）。若者を育てるグループワーク研究を行い、最近は「居場所論」を展開している。日本 YMCA 同盟専門委員、開発教育協会理事。著書に『ユースワーク・青少年教育の歴史』（東洋館出版社）、『SDGs と開発教育』（学文社）など。

この図書は、上智大学研究成果公開支援事業「学術図書出版支援プログラム」の助成を受けて刊行したものである。

18歳成人社会ハンドブック──制度改革と教育の課題

2018年 3 月15日　初版第 1 刷発行
2018年 4 月15日　初版第 2 刷発行

編著者　　　田 中 治 彦
発行者　　　大 江 道 雅
発行所　　　株式会社 明石書店
〒 101-0021　東京都千代田区外神田 6-9-5
　　　　　電　話　03（5818）1171
　　　　　Ｆ Ａ Ｘ　03（5818）1174
　　　　　振　替　00100-7-24505
　　　　　http://www.akashi.co.jp
装丁　　　明石書店デザイン室
印刷・製本　日経印刷株式会社

（定価はカバーに表示してあります）　　　　ISBN978-4-7503-4621-2

BREXIT「民衆の反逆」から見る英国のEU離脱
緊縮政策・移民問題・欧州危機
尾上修悟 ●2800円

かわはら先生の憲法出前授業 よくわかる改憲問題
高校生と語りあう日本の未来
川原茂雄 ●1400円

よくわかる緊急事態条項Q&A いる? いらない? 憲法9条改正よりあぶない!?
永井幸寿 ●1600円

ジェンダー・クオータ 世界の女性議員はなぜ増えたのか
三浦まり、衛藤幹子編著 ●4500円

ワークショップで学ぶ紛争解決と平和構築
上杉勇司、小林綾子、仲本千津編著 ●1800円

シミュレーション教材「ひょうたん島問題」 多文化共生社会ニッポンの学習課題
藤原孝章 ●1800円

身近なことから世界と私を考える授業
100円ショップ・コンビニ・牛肉・野宿問題
開発教育研究会編著 ●1500円

身近なことから世界と私を考える授業II
オキナワ・多みんぞくニホン・核と温暖化
開発教育研究会編著 ●1600円

グローバル時代の「開発」を考える 世界と関わり、共に生きるための7つのヒント
西あい、湯本浩之編著 ●2300円

国際協力と開発教育「援助」の近未来を探る
田中治彦 ●2000円

参加型開発による地域づくりの方法 PRA実践ハンドブック
ソメシュ・クマール著 田中治彦監訳
(特活)開発教育協会 企画協力 ●3800円

新市民革命入門 社会と関わり「くに」を変えるための公共哲学
長坂寿久 ●2400円

激動するグローバル市民社会「慈善」から「公正」への発展と展開
重田康博 ●2400円

成人スキルの国際比較 OECD国際成人力調査(PIAAC)報告書
国立教育政策研究所編 ●3800円

OECD成人スキル白書 第1回国際成人力調査(PIAAC)報告書〈OECDスキル・アウトルック2013年版〉
経済協力開発機構(OECD)編著
矢倉美登里、稲田智子、来田誠一郎訳 ●8600円

若者のキャリア形成 スキルの獲得から就業力の向上、アントレプレナーシップの育成へ〈OECDスキル・アウトルック2015年版〉
経済協力開発機構(OECD)編著
菅原良、福田哲哉、松下慶太監訳 ●3700円

〈価格は本体価格です〉